しあわせな子育てのかんたんなルール

佐々木正美＋堂珍敦子

児童精神科医 *Masami Sasaki*　4児のママ・モデル *Atsuko Dochin*

朝日新聞出版

しあわせな子育てのかんたんなルール

佐々木正美＋堂珍敦子

はじめに

私の『子どもへのまなざし』

堂珍敦子

私には4人の子どもがいます。子どものためにいい絵本を読んであげたいと思い、長男が0歳のときからずっと、長崎の「童話館」から絵本を毎月2冊ずつ配本してもらっています。その中に、年に1回だけ親向けの配本があるのですが、初めて送られてきたのが、佐々木正美先生の『子どもへのまなざし』(福音館書店)でした。

当時はまだ、子どもは長男1人きり。どうやって育てればいいのかわからず、毎日、不安だらけのなか、手さぐりで育児をしているような状態でした。そんなときに読んだ『子どもへのまなざし』は、私にとって本当に温かな本でした。読みながら、まるで佐々木先生がそばで「大丈夫だよ、それでいいんだよ」と言ってくださっているような気がして、とても心強く、うれしく思ったものでした。悩んだときには、何度も読み返し、『子ど

もへのまなざし』『続　子どもへのまなざし』は共に、私にとって子育てのバイブルのような本になりました。

ところが、3冊目になる『完　子どもへのまなざし』を読むと、前の2冊とはがらりと雰囲気が変わっていました。1冊目、2冊目では子どもへの愛情についてわかりやすく書かれていて、育児に対して「これなら大丈夫」という確信を得られたし、「子どもにはこうして愛情をかけてあげればいいんだ」という安心感を与えてもらうことができたのですが、3冊目の『完〜』では、発達障害のお子さんへの対応について多くのページが割かれていて、とても驚きました。時代が変わり、子育てをめぐる環境も変わってきているのかもしれません。昔よりもさらに大勢のお母さんたちが、子育てに悩む時代になってきているのではないかと思うようになりました。

私自身も子育てに悩む時期がありました。そこで、今、子育てに悩んでいる方、前向きな気持ちで子育てができない方、子育てに意義を感じられないという方のために、かつてそんな悩める母親のひとりであった私が、

佐々木先生にお話をうかがうことにしました。

子育ては本来楽しいものであるはずです。子育てがつらいこの時代を、一人ひとりの子育てのつらさを何とかしたい……。

ひとりでも多くの親、特にお母さんが、子どもの成長や発達について学んだり、社会のこと、世の中のこと、自分自身のこと……いろいろなことを考えていかなければならないと思うのです。そして、親たちが力を合わせて子どものためによりよい世界にして、未来も変えて、社会も変えていかなければいけないと思うのです。一人ひとりの母親がみんなそう思って行動していけば、きっと未来は変えられるはず。そうしなければならないのです。

今回、佐々木先生とお話をしているうちに、子どもを育てるということの重要な意味について何度も考えることになりました。子どもを育てるという、ある意味当たり前の行為が、実は世の中で最も重要な仕事のひとつなのだと気付かされました。日々の雑事に追われ、育児も「忙しい毎日の

こなすべき仕事のうちのひとつ」とやり過ごしてしまいがちです。でも、そこには大きな価値と意味、そして責任があるということです。

母親が、父親が、どのような気持ちで子どもと向き合えばいいのか。悩んだときに、いつもこの本をお手元に置いて、開いていただくことができれば幸いです。

第4章 母親の生き方、あるいは姿勢

第5章 社会の誰もが見守る子育て

終章 子育ての価値とは

第1章

子どもの育ちに必要なこと

子どもを「かわいい」と思えれば間違いはない

堂珍 最初の子がまだ赤ちゃんのとき、育児書をたくさん読み過ぎてがんじがらめになっていたことがあるんです。当時は初めての出産後で仕事もほとんどしておらず、自分の全ての時間を子どもにつぎ込める状態。朝起きて午前中にお昼寝は2時間させて、午後は公園に行って、夕方早めにごはんを食べさせて、8時には寝るという日課を毎日繰り返していたんです。

頑張っていたのですが、ある日、ふと「私がやっていることは果たして

意味があるんだろうか?」と行き詰まってしまった。それで答えを探すために育児書を読んだのですが、読めば読むほど、自分ができない部分ばかりが目に付いてしまうんです。すごくつらかった。少子化で情報があふれている中、きっと私と同じように行き詰まってつらいお母さんが大勢いるんじゃないかと思うんです。

佐々木　まじめなお母さんであればあるほど、子育てに行き詰まってしまうことがあると思いますよ。堂珍さんも行き詰まったときには、つらかったことでしょう。でも、逆にそれでたくさんのことに気付くことができて、結果的にはよかったのかもしれません。

堂珍　先生、子育てに行き詰まったと感じたとき、母親はまずどうすればいいのでしょうか?

佐々木　簡単なことです。お母さんはただ、わが子を「かわいい」と思えばいいだけなんです。「かわいい」と感じられたら、間違ったことはまず基本的にはしていないものです。

堂珍　「かわいい」と思うこと、ですか?

佐々木　そうです。それだけでいい。私の子どものころの体験からそう思うようになったのです。

私は小学校3年生から高校を卒業するまで、滋賀県にある父の郷里の小さな農村に疎開［1］していたのですが、そのころ、村の人たちが言っていたことで子ども心にしっかり覚えていることがあります。それは、多くの人が「できが悪い子ほどかわいいものだ」と言っていたこと。

当時はどこの家も貧しく、子だくさんでした。きょうだいが大勢いる中で「できが悪い子ほどかわいい」と母親たちが言っていました。子ども心に不思議に思いましたね。勉強に限らず、いろんなことがよくできる「いい子」がかわいいというならわかるけれど、「できが悪い子ほどかわいい」と言っているのはなぜなんだろう?と。

堂珍　今、そんなふうに思えるお母さんは、少ないかもしれません。

佐々木　当時は、ひとりやふたりのお母さんがそう言っていたのではなか

［1］**疎開**
第二次世界大戦中、東京からは23万人を超える児童が、親元を離れ地方の旅館や寺へ移住した。2011年に起きた福島第一原発の事故以来、放射線を避けるため、家族で、もしくは子どもが地方へ移住することも、「疎開」という言い方をすることがある。

ったんです。その理由がわかってきたのは、私がもう少し大きくなってから。あるお母さんが、自分の子どものなかの「できる子」のことを「あの子はうちの子にしてはできのいい子なんですよ。だから放っといても大丈夫なんです」と言ったんです。ほかのお母さんからも同じことを2～3度聞いて、「ああ、そうか。できの悪い子ほど、うんとかわいがってあげなくちゃダメだ、ということなんだ。だから、できが悪い子ほどかわいいんだ」と、言葉の意味がわかったわけです。

堂珍　母親が子どもを無条件に愛するということは、なかなか難しいことかもしれないと感じます。昔なら、もし母親が無条件に愛せなかったとしても、ほかの家族や親戚、近所の人や学校の先生など、無条件にその子を愛してくれる大人が周りにたくさんいたんじゃないかと……。でも今は、周囲の目が子どもに厳しい時代。子どもが一歩外に出たら、誰もこの子を愛してくれないと感じることがよくあります。

佐々木　確かに、昔は子どもに対して周囲の人が誰でも歓迎してくれてい

るような善意がありました。

堂珍　子どもが、母親はもちろん、周囲の人からも誰からも愛情を与えられずに、小さいころから疎外感を感じて育ったら、成長してから問題を抱える場合もあるのでしょうか？　引きこもりやニート［2］などが社会問題になっていますが……。

佐々木　そういうことは確かにあると思います。私は小児精神科［3］の医師として、長い間、児童精神医学や青年精神医学の領域の勉強や臨床研究［4］を積み重ねてきました。そういった研究のなかで、人間として最初の段階に与えられたことがその人の後々の人生にどのようにつながっていくかを見てきました。人間は、より早い時期に与えられたものであればあるほど、その与えられたものを本人の揺るぎない感性として育てていくものなのです。

堂珍　乳幼児期の、何もできない赤ちゃんのころに受けた影響が、その人の後の人生に大きくつながっていくということですか？

2　ニート
Not in Education, Employment or Training
学生でもなく、訓練生でもない無業者という英語の頭文字NEETをとった造語。

3　小児精神科
小児を専門とした、神経科、もしくは精神神経科。精神発達や遅滞などの予防、診断、治療を行う。

4　臨床研究
病気の患者さんに直接接して、診察や治療をするのが臨床医。現場を重視した、実例からの研究をする。

佐々木　そうなんです。アメリカ人のブルース・ペリー［✎5］という乳幼児精神医学の研究者がいるのですが、最近では、アメリカで虐待された子どもに関する臨床研究もたくさん行っています。一般的に、世の中の研究者の多くは、自分ではまだ実証できず、わからないことについても、ほかの人が研究したものがあれば、本当かどうかを疑いつつも取り入れているものなのですが、ペリーは、全て自分で実証できたことだけを真実としている、極めてまれな、名高い臨床家です。

そのペリーが何十年もの時間をかけて実証した、大変重要なこんな事実があります。赤ちゃんが泣いたら、そばにいる母親や大人は抱っこしてその要求に応えますよね。それを何度でも何千回でも繰り返し抱っこして要求に応えてあげるうちに、赤ちゃんとその大人との間によい関係ができる。そうやって赤ちゃんの要求を満たしてあげることが多ければ多いほど、その子が大きくなったときに、親など自分の要求を満たしてくれた相手にとどまらず、周りの人とよりよい人間関係が築けるようになる、というんで

✎5 **ブルース・ペリー**　Bruce・D・Perry　精神科医、脳科学者。アメリカで虐待された子どもたちをめぐり、過去のトラウマと脳との関係を研究。著書『犬として育てられた少年』（紀伊國屋書店）は、かつて虐待を受けた子どもの治療の記録である。

す。人間関係に喜びを感じる心が育つというのです。

堂珍　1歳ぐらいまでの間に、そんなことが起こっているんですか？

佐々木　そうなんです。でも、ちょっと自分のことを考えてみてください。赤ちゃんのころの記憶は何も残ってないでしょう？　だから、大きくなったときに「あのときに私の要求に応えてくれなかった」なんて誰も言いませんよね。ところが、ブルース・ペリーの実証によれば、記憶がなくても、ちゃんとつながっているというんですね。ですから私はよく、保育園の保育士さんとの勉強会でこのことをお話しします。もし預かっている赤ちゃんが泣いていたら、泣かせっぱなしにしていてはいけない。「やがて泣きやむ」なんて考えてはいけない。赤ちゃんにとってそれはむごいこと、ひどいことなんですよ、と。これはその子の長い人生に関わってくることなのです。

ほかの人との関係に喜びを見いだせない典型的な例が「引きこもり」[✎6]でしょう。喜びを見いだせないどころか、不安や恐怖を感じて安心

✎6　**引きこもり**
内閣府が2010年に行った調査では、全国で引きこもり状態の若者（15〜39歳）は70万人程度いると報告されている。

して他人と交われず、引きこもるんです。

堂珍　赤ちゃんのお世話は、ただ単に命をつなぐためだけのものではない、ということなんですね。

佐々木　そうです。赤ちゃんのそばにいるお母さんも同じです。しかし、24時間ずっと一緒にいて、赤ちゃんが泣いたら何度でもすぐに抱っこするのはとても大変なことですよね。もしお母さんが大変だと感じたら、誰か、ほかの人の助けを借りればいい。お父さんでもいいし、おばあちゃんだって、おじいちゃんだっていい。保育士だっていい。赤ちゃんが泣いたら、とにかく誰かが抱っこして、泣かせっぱなしにはしないことです。

堂珍　なるほど。「泣く」のは赤ちゃんの要求の合図ですよね。赤ちゃんの「泣き」を要求としてちゃんと受け入れてあげることがとても大事、ということですね。

子どもの育ちは「0歳」から

佐々木　ほかにもそういった研究事例があります。アメリカ人の乳幼児精神医学者、ロバート・エムディ［7］は、生まれたばかりの赤ちゃんがどのような乳児期、幼児期、児童期、学童期、思春期、青年期をたどって成長していくかという研究をしてきました。大勢の子どもを20年近くの時間をかけてフォローアップしていくうち、なかには十代で非行や犯罪に走る子も出てきます。そういった問題行動を起こした子どもの生い立ちや生育過程について、過去の生いたちの記録をたどって詳しく調べていったんですね。すると、思春期に問題行動を起こす子どもたちには、生後6カ月から1歳半ないし2歳くらいの時期の育ち方に共通点があったというのです。

生後6カ月から、2歳といえば、ハイハイを始め、よちよち歩きができるようになってからしっかり歩けるようになるまでの時期。つまり、人間

7　ロバート・エムディ
Robert N.Emde　コロラド大学で臨床研究に従事した精神科医。人間の社会化に重要な、「社会的参照」および「母親参照」機能や情緒的応答性について研究を深めた。

が自分の意思で初めて移動できるようになる時期です。子どもはあちこち自分で行きたい所に好き勝手に行っているように見えますが、実はそうではないんです。大きな物音がしたり、聞き慣れない人の大きな声が聞こえたり、あるいは目の前に見慣れないものが出てきたり、「おやっ?」と思うことが起きると、子どもはそこで立ち止まったり、振り返るんですね。なぜ振り返るかといえば、自分を見守ってくれているお母さんの目を見ようとするからです。

もちろんお母さんの代わりに、おばあちゃんや保育士さんでもいいんです。子どもは不安を感じたり、恐れを感じたりしたときには必ず振り返る。振り返って、自分を見守ってくれている人のことを求めているのです。

エムディの研究によれば、そうやって子どもが振り返ったときに見守ってくれている人がいる環境で育った人のなかに、非行や犯罪に走った少年少女はいませんでした。逆に、自分のことを誰も見ていてくれない経験を積み重ねれば積み重ねるほど、非行や犯罪に走るリスクが大きいというん

8 核家族
厚労省の2010年の調査によると、子どものいる世帯のうちで、核家族世帯は948万3000世帯、76・9%を占める。3世代同居は232万世帯で18・8%。

ですね。

堂珍　すごい研究結果ですね。確かにずっと子どものそばにいられたら理想的ですが、現実には私のまわりでは核家族［✎8］が増えて、働いているお母さんも多いんです。小さい赤ちゃんを一人で抱えているお母さんだったら、家事のために赤ちゃんから離れざるを得ないこともありますし、常にそばについているのは難しいですよね。お父さんの仕事も忙しいですし、きょうだいもあまりいないし……。

佐々木　赤ちゃんが目を覚ましているときに家事をしなければならなければ、そのときには、おんぶ［✎9］するといいですよ。

堂珍　おんぶ！　いいですよね。私もよくおんぶしていました。

佐々木　子どもが振り返るとそこにいつも自分を見守ってくれている人がいたという経験は、ロバート・エムディの言葉を借りると、幼子の心に「ソーシャル・リファレンシング」［✎10］という感情や感性が起きるということです。後にエミリーは「マターナル・リファレンシング」［✎11］と

✎9　おんぶ

「おんぶの姿は格好が悪い」と一時敬遠されたが、最近、両手が空くこと、子どもと密着できることなどから、見直されつつある。

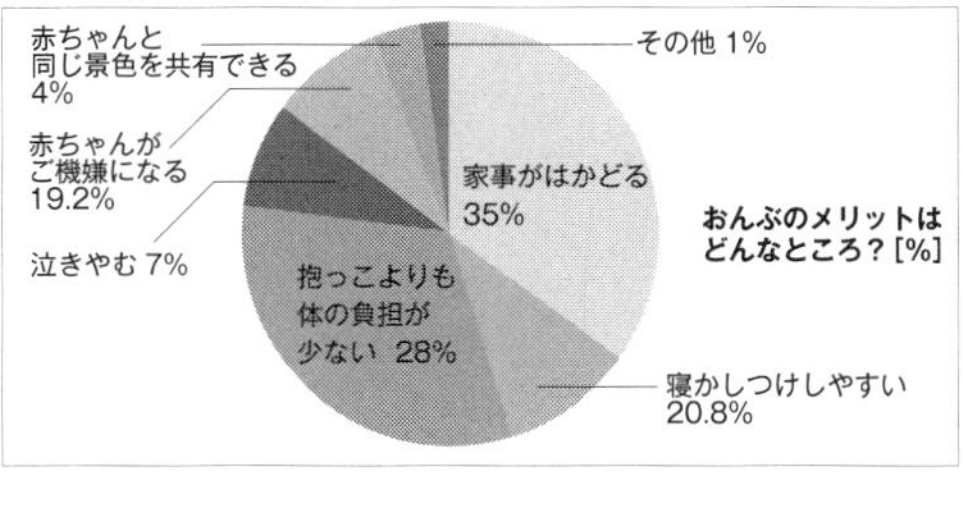

●『AERAwithBaby』2012年2月号特集「賢いママはおんぶ上手」関連調査より。0～5歳の子どもを持つ母親500人の回答。調査協力：マーシュ

いう言葉に言い換えました。親など、見守ってくれている人、特に母親の顔を見て、安心することで自分の行為を確認するということです。

20年近く前に、そのロバート・エムディの講演を聴いた後、彼に廊下でばったり会ったものですから、私は思いきって彼に尋ねてみました。

「エムディさん、あなたは研究者ですから0歳からの赤ちゃんを見ることができるでしょう。しかし私は臨床者なので、どんなに早くても3歳くらいからの子どもしか見られません。0歳から始めたあなたの研究の結果を見ると、3歳ではもう手遅れのように思えてしまう。でも、私が臨床者として子どもたちを見てきて思うのは、『振り返ったらちゃんと私のことを見ていてくれる人がいる』という経験や感情は、3歳、5歳でも、もっと大きくなってからでも人間にとって大きな意味や価値があるんじゃないでしょうか」と。

0歳、1歳の子どもだから重要だ、ということではなく、学校に行くような年齢になってからであっても、同じように重要なんじゃないかと思う

✎10 ソーシャル・リファレンシング
social referencing　直訳すると社会的参考、社会的参照

✎11 マターナル・リファレンシング
maternal referencing　直訳すると母親参考、母親参照

んです。大人になっても同じです。仕事から帰ってきたら家で誰か家族が待っていて、「お帰り」と気持ちよく声をかけてくれる。家族が出かけるときには、残っている人が、出かける家族に「行ってらっしゃい」「おかえりなさい」と言ってあげられるような関係。それがあればいいのではないか、と。私の意見に、ロバート・エムディは「そのとおりだ、100%あなたに同意したい」と共感してくれました。

堂珍 私からすれば、逆に、生後6カ月から1歳半の時期に、いつも赤ちゃんを見てない環境っていうのは想像しにくいんですが……。それは、赤ちゃんをいつも一人で遊ばせておくような状態なんでしょうか?

佐々木 サークルに入れっぱなしにしておく家もあるでしょう。また保育園［12］でも、子どもの数が多くて保育士［13］さんが1人だけで見ているというようなところでは、保育士さんも大変でしょう。

堂珍 もし保育園に預けたとしても、保育士さんがしっかり子どもたちを見守っていて、子どもが振り返ったときにいつでも保育士さんがちゃんと

12 保育園
保護者が働いているなどの理由で子どもを預ける施設。児童福祉法に基づく施設で、厚労省の管轄。認可保育園の場合、保育所最低基準で、保育士が1人で見られる子どもの数は0歳で3人、1歳なら5人と決まっている。「保活＝保育所確保のための活動」という造語もある。

13 保育士
保育所、養護施設などの児童福祉施設で、乳幼児の保育に当たる国家資格を持つ職員。男性保育士も、1992年から4倍以上に増えている。

見ていてくれる環境にいられれば、子どもはちゃんと安心感を得られるんですね？

佐々木　そうです。だからこそ保育士さんには何人の子どもを見ていても、しっかり見守ってほしいと思うんです。オーケストラの指揮者のように、30人規模でも50人規模でも、１００人規模のオーケストラでも、1人の指揮者がそれぞれの楽器の音を聴いて、総合的な音楽にしていくように。

0～2歳ぐらいまでの子どもなら、普通、目の行き届く広さの空間で保育していることでしょう。子どもの様子をしっかり見るのはそれほど大変なことではないはずです。「どうしたの？　ちゃんと見ていますよ」って、簡単な言葉でいいからひと声かけて笑顔を見せればそれでいいんです。

堂珍　大人になって記憶がなくても、ちゃんとどこかで覚えているというところがすごいですよね。

佐々木　すごいでしょう？

堂珍　赤ちゃんでも何かするたびに振り返ったりするのは、そこでほめて

もらいたかったり、認めてもらいたいという気持ちがあるんですね。

佐々木　全くそのとおり。スポーツの選手だって、例えばサッカーの選手は、一本ゴールをするとスタンドの観客に向かって「自分が入れた」とアピールして、見ている観客と一緒に大騒ぎをするでしょう？　あれと同じです。考えてみれば大げさなことですよ、ボールをひとつ蹴飛ばしただけでね（笑い）。でも、それがいいわけですよね、選手と観客の共感が。

堂珍　なるほど。赤ちゃんと、それを見ている親の関係と似ているかもしれませんね（笑い）。

その共感を何度でも繰り返すのが大事なんですね。

佐々木　選手たちはあの喜びがあるから、それを励みに過酷なトレーニングに耐えることができるんです。そうやって互いに共感しながら生きるのが人間なんです。その共感する気持ちは、０歳児のころから始まるものなんです。

乳幼児期からの「しつけ」の在り方

堂珍　今、子どもの「しつけ」［14］という言葉が気になっています。社会にはルールがありますから、子どもの成長のためにはルールを守る「しつけ」も必要かな、とも思うんですが、赤ちゃんの時期から「しつけ」という言葉が出てくることにちょっと違和感を持つこともあります。

佐々木　特別な「しつけ」は必要ありません。赤ちゃんが求めることに100％応えることです。泣いたら抱っこして、おっぱいを飲ませて、おむつを替える。まずはそれでいいと思いますよ。

堂珍　もう少し大きくなって、1歳半くらいから「イヤイヤ期」［15］が始まると、お母さんの悩みが一気に増えるように思うんです。例えば、スーパーでレジを通す前の品物を「食べたい！」って子どもがだだをこねられたとき、どうやって言い聞かせればいいのか……というような。

14　しつけ
社会に適応できるよう、子どもに必要な生活習慣を教えていくこと。和裁のしつけ糸（本縫いをする前に、仮縫いをする糸）からきているともいわれる。

15　イヤイヤ期
子どもが2歳近くになると自我に目覚め、何でも「自分で」「イヤッ」と自己主張をするようになる。最も世話の焼ける時期。成長の過程でどの子にもありがちだが、やがて落ち着いてくる。

佐々木　それは、「あそこでちゃんとお金を払って買ってからじゃないと食べられないんだよ」と説明すればいいんです。

堂珍　そうなんですよね。わかってはいるんですが、そうやって言葉で言い聞かせる余裕がないことも多いと思うんです。子どもが何度もうるさくするし、周囲の人から「このお母さん、しつけがなってないね」というような目で見られている気がして焦りますし。周りの目が気になって、ついつい説明する前に「ダメなのよ！」って言ってしまうことも多いと思うんです。

佐々木　なるほど。私自身は子どもと一緒にスーパーマーケットに行ったことは数少ないですが、そういうときはお店に入る前に「今日は2つだけ、好きなお菓子を買っていいよ」なんて、親が勝手に決まりをつくって言っておきましたね。そうすると子どもは一生懸命考えるんです。全部ダメっていうより、1つだけ買っていい、2つ買っていいというように、事前に決めておくと良いと思いますよ。それで「今、ここですぐに食べたい」な

んて言い出したら「お金を払わないで食べたら叱られるよ」って言えばそれでいいと思うんです。

堂珍　そう言って子どもが納得するようになるためには、ふだんの生活のなかで、子どもの気持ちを受け止めてあげていることが必要なのかもしれませんね。

佐々木　そうなんです。子どもがいろんなことを言うのは、親に聞いてもらいたい、受け止めてもらいたいという気持ちから。赤ちゃんのときからずっと親に言うことを聞いてもらっていればいるほど、相手の言うことを聞き入れられるようになってくるんです。これは大人も子どもも同じです。

堂珍　でも、「子どもの言うことを聞いてばかりいると、子どもはわがままになって、ますます要求ばかりしてくるようになるからいけない」なんていう人もいますが……。

佐々木　いや、それは正反対です。子どもの言うことをしっかり聞き入れてあげることの方が重要です。言うことを聞いてもらえていなかった子ど

もは大きくなるにつれて、だんだん社会の言うことを聞かなくなっていくんです。それが非行や犯罪につながる。いろんなことを聞いてあげている方が、やがてこちらの言うことを聞き入れられるようになることは確かです。自分が言うことを聞いてもらう、そして相手の言うことも聞き入れる。そういうことを繰り返していくうちに、理屈抜きに自然に人の言うことを聞ける人に育っていくんだと思いますよ。

堂珍　4人の子どもたちがそれぞれいろんなことをするので、私はふだん、怒っていることも多いような気がするんです。いつも怒ってばかりいると、普通のことを伝えるのにも「もう、○○じゃない！」みたいな怒り口調になってしまうことがあります（苦笑）。

するど確かに、子どもの方も同じように怒り口調で答えてきたり、反発したり。それで言い合ってしまうような負の連鎖が坂を転げ落ちるようにどんどん続いていくときがあります。怒り口調で言いたくなるのをぐっと我慢して穏やかに話していくと、しだいにいい流れになっていくときもあ

るんですが……。

佐々木　今、おっしゃったことはとても大切なことですね。「ぐっと我慢して飲み込んで穏やかに話していくといい連鎖になっていく」ということ。我慢しないでそうできるようになるといいんですよ。

堂珍　難しいですねぇ。我慢しているからすぐに化けの皮が剝がれてしまう（笑い）。それが長時間持たなくて、その魔法もすぐ解けて、やさしいママから怖いママになってしまうことがあるんです。

我慢して頑張ってもうまくいかないとき、どうやってよい方向に回していけばいいんでしょうか？

佐々木　わが家の例で申しますと、長男が幼稚園［16］のころ、こんなことがありました。夕食の前に、長男が「僕はこんなの嫌いだ」というようなな少しわがままなことを言ったんです。すると妻が「嫌なら食べなくていいですよ」と言ったんです。長男は泣きべそをかきながら私のところに来て、「ママは僕にだけごはんくれないって」と言うわけです。でも、近く

16　幼稚園
遊びを通して、就学前に教育の基礎を養うことを目的とし、文科省が管轄している。園によって、シュタイナー教育を取り入れている、どろんこ保育をしている、運動重視、習い事もできるなど、教育方針はさまざま。

で聞いていますから、何が起きているか私には筒抜けです。
それで「そう、じゃあ、パパがごはんあげよう」って冗談を言い、妻にちらっと目配せをして、「おいしいものを食べに行こう」って長男を連れて外に出たんです。もう夜になっていたんですけどね。「どこで何を食べたい？ どんなごちそうでも、パパが食べさせてあげよう」って言ったんです。当時は早稲田大学に近い高田馬場に住んでいましたので、学生街の食堂がたくさんあって。もちろん立派なレストランもあるんですが、長男は学生食堂のような小さな店を選んで「ここに入る」と言うんですね。それで「何が食べたい？」と聞くと、「これが食べたい」と言ったのは卵雑炊でした（笑い）。「ふーん、じゃあパパも一緒にそれを頼もう」と言って、一緒に食べたんですね。

堂珍　奥様はそれを許してくださったんですか？

佐々木　ちらっと目配せをして連れていきましたからね。それで、卵雑炊を食べた後、「じゃあデザートも何か食べようか」って言って、クリーム

ソーダを一緒に飲んで、うちに帰ってきたんです。ただそれだけ。でも長男は本当はそんなのうれしくなかったんです。うれしくないどころかつらかったんでしょう。何ともいえない雰囲気で「ただいま」って帰ってきた。それ以来、二度と食事に文句を付けない子になったと、妻が言っていましたね。

堂珍　子ども心に、何となく後味が悪かったんでしょうね。それに、ちょっとママにも悪いなっていう気持ちもあったのかも……。

佐々木　そういうとき、親が「嫌なら食べるな！」と言うのが一番いけない。「嫌なら食べるな」という言葉は、子どもの心を確実に傷つけます。「外においしいものを食べに行こう」なんて言ったら子どもがつけ上がって毎回食事にわがままを言うんじゃないかと思うかもしれませんが、実際は全く反対です。でも案外、親はみんな反対のことをやってしまいがちです。

堂珍　親に言うことを聞いてもらって、複雑な気持ちを体験して、人の気

持ちがわかるようになるっていうことなんですね。

佐々木　そうです。今の話は長男が4～5歳の幼稚園のころのことでした。そのときのことはよく覚えていますが、とっても大切なことだと私は思います。もしそのときに厳しく「嫌なら食べなくていい！」ってガーンとやってしまったら、確かに子どもは次からはそういうことは言わない子になるかもしれません。でも、子どもは傷つきます。親に受け入れてもらえなかったんですからね。

子どもを育てるときに最も重要なのは、子どもの自尊心を傷つけないということです。しつけにおいても同じです。「こうしなさい」「そんなことをしてはいけません」というのは子どもにとって強制か禁止になるわけです。もし、それで聞き分けがなかったときに、親がどのような叱り方をするかは、しつけにおいて一番重要なことなんです。

堂珍　自尊心を傷つけない叱り方をすること、ですね。

佐々木　そう。私は若いころ、「しつけというのは繰り返し伝えて、待っ

ていてやることだ」と習いました。何かができなかったから、あるいは何かをすぐにしなかったから叱るのではなく、「こうしなさい」「そんなことをしてはいけません」ということを、できるまで何度でも繰り返し伝えることだと。子どもができるようになるまで、何回でも繰り返し伝えてあげて、子どもができるようになったら「上手にできるようになったね」と言ってあげればいい、と。

簡単にいえば、しつけというのは子どもの自己肯定感、あるいは自尊心[17]、それを育ててやることなんです。そんなふうに考えて、ゆったり大らかにお育てになるといいんじゃないかと私は思います。

堂珍「できなくて当たり前なんだ」って思いながら、何回でも子どもに伝えていけばいいんですね。

佐々木 そう、すぐにはできなくてもいいんです。

堂珍 親はついつい、すぐに結果を求めてしまいがちです。

佐々木 結果はすぐに出ないものなんです。現代の育児の中で子どもが育

[17] **自己肯定感、自尊心**
自らの人格を大切にする気持ち。自分の考え方や行動に自信を持つ態度。プライド。

ちにくくなっている原因のひとつは、子どもに「早く、早く」と言っていることですよ。親は「早く、早く」なんて言わずに、ただ待つことです。伝えて待つ。

堂珍 「待つ」って難しいですよね。なかなか待てません……。

佐々木 あるとき、講演で私が「子どもを待つ」という話をしたら、聴衆の方に「先生のおっしゃること、そのとおりだ」と言われたことがあります。そしてその方が「先生、『親』という漢字の意味をご存じですか？」と言うんです。「『親』という漢字は知っていますが、どういう意味ですか？」と尋ねると、その方が「『木の上に立って見ている』という意味ですよね」と言われた。なるほど、「親」は「木の上に立って見ている」と書きます。「ああそうか」と納得しました。親は、木の上のような少し離れた場所から見守っていればよくて、そばで口うるさくあれこれ言うのが「親」ではないんですね。見守る、つまり目を離さないで見ていてやればいい。そばにいて「早く、早く」というようにうるさいことを言わないこ

とです。

堂珍　木の上に立って見守る……。なるほど「親」というのはそういうものであるべきなのかもしれません。

佐々木　誰が「親」っていう漢字を考え出して作ったんでしょうねえ。すごい字ですよね。親は大切なことは繰り返し伝えてやるけれど、子どもがちゃんとそれを自分で実行できるようになるまで待っていてやる。もっというなら、子どもが自分でできるようになるまで手伝ってやることです。手伝うことで怠け者になったり、意志薄弱な子どもになるなんていうことは全くないと私は思っています。「自立」[18]というのは、待っていてあげるときに育ってくるもの。自分でやる時期を自分で決めさせてあげることです。いつから実行できるか、子どもに自分で決めさせる。そのためには親は待っていてあげるということがとても大切だと思いますね。

堂珍　待つことの大切さですね。

佐々木　夫婦で子どもを待っていてあげるのがいいんです。でも、夫婦で

18　自立
自立は他からの支配や援助などを受けずに独立をすること。他からの支配を受けずに、自分の規範や自分のルールで行動する、「自律」の意味で使われることも多い。

子育てしているというのに、しつけから何から母親が何でも一人でやっている状態になると、なかなか子どもを待ってあげにくくなる。「今、こんなことが心配だ。困っている」というようなことを、夫婦で共有し合えるようになると、子どもを待つことも苦でなくなります。じゃあ、こういうふうに待っててあげよう、ゆっくり見てあげようという気持ちになれるものです。

親は指導者ではなく「保護者」

堂珍 最近は夫婦でも家族でも、時間や気持ちを分かち合うことが少なくなってきているのかもしれませんね。家族でなくても、仲間同士でもいいのかもしれませんが。もし、子どもに何かつらいことがあって、家にその気持ちを持ち帰ったとしても、誰とも共有できなければ、「家族の誰もわかってくれない」と子どもは思ってしまうのかもしれません。

佐々木　そうですね。わが家の場合、家族で喜びを分かち合うお祝い事はわりあい質素にしてきましたが、むしろ誰かが悲しいとき、苦しいとき、困ったことがあったときには、より派手に、家族みんなで協力し合おうということをしてきました。親もそうですが、3人の子どもの誰かが落ち込んでしょんぼりしているなんていうときには、必要があればちょっとしたお金を使うなりして、何か家族で分かち合おうと。親の思いどおりではなく、子どもの思いどおりの方に、親が動いてやる方がいいように思います。

堂珍　先生のように、家族でいろんなことを分かち合えたらすごくいいですよね。でも、そういうことができる人は少なくなってきているのではないか、と思うこともあります。

佐々木　親は「保護者」であって「教師」ではありません。だから子どもに対して指示や命令、教育の方向に強く向けようということは、わが家では極力してきませんでした。

堂珍　今、家庭では母親が強くなり過ぎているように思うんです。夫も自

分の私有物、子どもも私有物っていう母親が増えてきている気がして。仕事を持って社会にも貢献して、欲張りに何でもやって、全部自分の思いどおりに家の中も動かす……っていうお母さんがすごく増えている感じがしています。それってちょっと危険なんじゃないかと。

佐々木　危険だと思います。母親が子どもを動かすのではなく、「保護者」として子どもたちの思いどおりにできるだけ動いてやる方がいいんです。その方が子どもが自立していくように見えますね。

堂珍　子どもの思うように親が動くということなんですね。親の思うように子どもを動かすのではなくて。

佐々木　そうそう。その方がいい。「ああ、この子にはこんなことができる能力があったんだ」っていうのが見えてきますからね。能力が何もないなんていう子はひとりもいません。もちろん、その能力を親が好きかどうかは別ですが、どんな子にも何かの能力があります。

堂珍　親の好き嫌いに関係なく、全ての能力を応援してあげないといけな

いんですね。怒らないように、子どもの思うように動いて。

佐々木　そうそう、親が努力してね。それが「保護者」というものだと思うんですよ。子どもを育てにくくなった一番の理由は、子どもに「保護者」がいなくなって、「教育者」のような人ばかりになったことではないかと思うんです。学校で先生に会って思いきり疲れて、家に帰ってきたらまた先生がいた、っていうような。そうではなくて、家には保護者がいるのがいいですよね。

堂珍　家で締め付けが強いと、外で子どもはどうにかして発散させようとするかもしれませんね。

佐々木　保育園の保育士さんたちに聞くと、朝夕子どもを送り迎えする様子を見ていると、親の前でいい子なのは怖いとよく言います。そういう子は、保育園でうんと手のかかる場合が多い。過剰に甘えたり、弱い子を攻撃したりする。そういう子どもは、たいてい親の前ではいい子なんです。逆に保育園でルールを守り、保育士さんの手をひどく煩わせない子どもは、

親の前ではだだっ子〔19〕のことが多いものです。

堂珍　「保護者」である親に甘えて満たされているんですね。

佐々木　そうです。親に気を許せることはとても大切なこと。親は教師ではなく保護者であってほしいと思うんです。

19　だだっ子
「駄々(だだ)っ子」「駄々(だだ)を捏(こ)ねる」の駄々は「地団駄(じだんだ)を踏む」が語源。地団駄は「地踏鞴(じたたら)」が変形した語。金属を加工するときに足で押して空気を送る送風機を踏鞴(たたら)（または地踏鞴）といい、それを踏むさまが、聞き分けがなく怒っている様子と似ていることから「地団駄を踏む」と例えた。

佐々木先生の子育てQ&A 1

子どもは「ほめて育てなさい」ということがよく言われていま す。しかし近ごろでは、先生や周りの大人が子どもを叱りません。「せめて母親がルールを身に付けさせなければ」と焦って、ほめるより先につい子どもを叱ってしまいます。叱らずに、ほめてしつけるにはどうすればいいのでしょう？　子どもに対して心ならずもつい「ダメじゃない！」「やめなさい！」といった否定的な言葉ばかりを連発している自分がつらくなってしまいます……。

子育て誌「AERA with Baby」（朝日新聞出版）に寄せられた母親の声より

子どもにとって、人にほめられるという経験はとても大きな喜びです。特に、よその人、知らない人にほめられる経験は大きいもの。その喜びが子どもの自信につながっていきます。もちろん親も自分の子どもをほめたいと思っているはずです。しかし、現実の生活の中ではずっとほめているだけではいられず、一方で叱ることも日常茶飯事ではないでしょうか。いいところを探してほめるだけではなく、ときには悪いところを率直に叱ることもあるのが親だと思うんです。

いろいろな親がいて、ほめる、叱るということについてもいろいろな考え方があって、それぞれに基づく育て方があります。叱ってもほめても、誰の育て方がベストだということはいえないのですが、ひとつだけ、叱るときに絶対によくないことがあります。それは、「プライドを傷つける叱り方をすること」です。叱るときには必ず、子どもの自尊心を傷つけないように配慮しながら叱るようにしたいものです。「ダメ」といった言葉は子どもの自尊心を傷つけます。自尊心を深く傷つければつけるほど、それは子どもの人格の中に負の要素として深く残って、大人になってからも消えにくいものになっていきます。たたきながら叱る、なんていうのは最もしてはいけないことです。叱りながらものを教えようとする、なんていうのもよくないですね。

言い方も、例えばただ「ダメ！」と言うのではなく、「お母さんは○○をするのは嫌いだな」というような言い方をしてみてはどうでしょうか。そのことをする子どもが「ダメ」だと断定するのではなく、親が好きではないやり方だ、と伝えていくわけです。

ときにはうっかり傷つけるようなことを言ってしまうことも、親にはあると思います。そんなときは反省して、相手が子どもでもちゃんと謝ることです。「ごめんね。あんなことを言ってしまったけれど、悪かったね。お母さんはあなたのことが好きだから、よい子になってほしくって」と謝れば、子どもの心に傷がついたとしても、ちゃんと消えるものなんです。

佐々木先生の子育てQ&A 2

男女差が少なくなってきている時代。女性がどんどん社会に出ていますし、女性だけだった世界にも男性が関わるようになってきています。こんな時代、子どもに対しても「男の子だから」「女の子だから」ということは言いたくないと思ってはいるのですが、無意識に性別で子どもを誘導してしまっている気がして心配です。「男の子だから」「女の子だから」という言い方はしないように気を付けるべきでしょうか？　それとも男女で対応を変えるのは自然なことなのでしょうか？

男女の違いを意識することは、極めて自然なことだと思います。私はシンポジウムや研究会などで、アメリカやヨーロッパのいろいろな国に行っていますが、自然に男の子と女の子とを違った視点で育てるというのは、どこの国でも当たり前のようにしていることだと思います。

男性と女性とでは、持って生まれた生理的な違いがあります。基本的に女性の方が早熟ですし、世界中どこの国に行っても女性の平均寿命の方が長いのです。声の質や高さも違うし、

筋肉の力も違う。善い悪いではなく、それが自然で、そこには何か意味や理由があるのだろうと思うんです。

そういった生理的な違いに合わせて生きていくことは、人間としてとても自然なことだと思います。だから子どもを育てるときにも、「男の子だから」「女の子だから」と考えるのはごく自然なこと。その違いを出してはいけないということはないと思うんですよ。

最近は、よく「女の子が強い」という話を聞きますが、それは「男の子だから」「女の子だから」ということを意識して育てたかどうかとは関係ないと思います。

私自身、男の子、女の子の違いといったことについてはまだまだ研究できていない部分が多いので、結論は出せません。ただ、自然の流れに従って対応していくことは自然だと考えていいのではないでしょうか。

第2章

子育ての「主役」は母親

父親は主役を支える「助演者」になって

堂珍　夫婦で子育ての「待ち時間」を共有できるようになればいいんですが、今は何となく母親だけが子育ての責任を背負っている家庭も多いのではないでしょうか。「そうあるべき」という無言の圧力が周囲からあるような気もします。

佐々木　私は母親が子育ての主役だと思っています。でも、それは母親だけが子育てにおいて全ての役割を果たす、という意味ではないんですよ。

父親は脇役、つまり助演者、共演者にしかすぎません。自分で子どもを育ててみて、子育ての主役は母親だとはっきり思っています。

堂珍　主役！

佐々木　でもそういう言い方をすると、楽な役割が父親で、大変な役割が母親だと思われる人がいるかもしれませんが、違うんです。

例えばＮＨＫの朝のドラマ［20］がありますよね。あの番組では、主役は新人が務めることも多いでしょう？　もちろん、新人でもできるから軽い役だということではありません。でも、新人の主演者を取り囲む共演者や助演者を見てみてください。百戦錬磨のいぶし銀の味わいがある人が多いはずです。だから共演、助演は楽な仕事じゃないんです。主演者はある意味では自分が輝くことだけ考えていればいいんです。でも、共演者、助演者は自分が輝くことなんか考えていたら、共演、助演にならないですよね。自分が目立ったらダメなんです。主演者が輝くように応援するのが共演、助演者です。

20　ＮＨＫの朝のドラマ
ＮＨＫ朝の連続テレビドラマ小説。略して「朝ドラ」。1961年からスタート。主に女性の半生が描かれ、主演は新人が起用されることも多く、人気女優への登竜門でもある。2010年には『ゲゲゲの女房』が大ヒットし、再放送やワンセグの普及により視聴者の層が広がっている。

堂珍　なるほど。

佐々木　そういう意味で、夫婦において子育ての主演は母親です。父親は共演者、助演者です。主演が輝くように、つまり安心して育児がよりよくできるように、どんな役割を、どういうところでどの程度すればいいのか、それを考えていればいいんだと私は思ってきました。

堂珍　わかりやすいです。でも、たまにずるいな、なんて思ったりもするんですよね。母親はなかなか子どもからは離れられないし、離れたくもないんですが（笑い）、父親は「仕事だから」とか、いろいろな理由で一時家庭から離れられるじゃないですか。もちろん家族のため、子どものためという理由がありますが、父親は頭の中から「家庭」というものをなくしても許される存在ですよね。それなのに母親だけは育児から離れられません。疲れているときなどに、たまにそんなふうに思ってしまうんですよね。

佐々木　なるほど。そういうことに関して、共演、助演である父親が、主演の母親に「ご苦労さん」と言葉で言えればいいんですよね。あるいは態

度で示すとかね。

堂珍　思っていても、言いにくいこともあるかもしれませんね。

佐々木　「ご苦労さん」っていう気持ちがあっても、その言い方や頻度など、いろんなことが不足しているのかもしれません。母親が「あなたが共演者、助演者だと、私は主演者としてしっかり演技ができない」と感じるような共演、助演者の父親だったら、主演の母親はとても大変ですね。

でも「ご苦労さん」の気持ちを表すのにはいろんな表現の仕方があると思うんですよ。食事の用意をしておいてくれたら「おいしかった」「ごちそうさま」。仕事から帰ってきて、妻が育児をしながらお風呂を沸かしていてくれて、「お風呂を先にしますか、ごはん先にしますか」と聞かれたら「こっちにする」と言うだけではなく、必ず「ありがとう」と、ひと言言う。

堂珍　最近、夫婦間での感謝の気持ちのやりとりが少ないような気がします。きっと奥さんも旦那さんに対して、あまりそういう感謝の表現をしな

いから、旦那さんも育児に対して感謝の言葉を返したりはしなくなってるんじゃないかなぁ……と思うんです。

佐々木　なるほど。それなら「ありがとう」のほかに「ごめんなさい」という言葉も必要だと思います。「ありがとう」の前に「ごめんなさい」。これは大切なことで、日常生活を一緒に何年もやっていると、何をしてもらっても当たり前みたいに思ってしまう。それが多分、悪い意味でのマンネリズム［21］になっていくこともありますからね。「ありがとう」と言いうたびに関係が新鮮になるかもしれないと私は思うんです。習慣になると、ことさら意識しないでも言えるようになるんじゃないか、と。

堂珍　夫婦間できっとそういう言葉が増えてくると、育児のストレスとか、責任の重さとかもだいぶ楽になってくるでしょうね。でもきっとそのためには、奥さんもいっぱい「ありがとう」って旦那さんに言わないと、ダメですよね。

佐々木　家族ですから、大げさに言う必要はないんですよ。ごめんなさい、

21 マンネリズム　mannerism　手法や考え方などに独創性が失われ、新しさが見られないこと。「万年」と響きが似ているが、英語が語源。

ありがとうは当たり前に言えるのがいいと思いますね。

私が若いころ、カナダに留学していたとき、遠い国から来て、生活、文化、言葉などいろいろ不自由だろうと、ふたりの指導教授が食事とかお茶とか、いろんな機会に私たち夫婦をご自宅に招いてくださったことがあります。教授のお宅では、ご夫婦同士でささいなことでもよく「Thank you」という言葉をかけ合っていました。その姿がとても新鮮に感じて、それがいいね、ということになり、私たち夫婦も自然にそういうふうになったのかもしれません。ありがとう、ごめんなさいを日常の生活の中で、折に触れて言うことは、とってもいいことだと思いますよ。そういう心や気持ちを持つとことが習慣になっていきますね。

堂珍　ふだんから小さな言葉を互いにかけ合うことで、支え合う気持ちが出てくるんですね。

喜びを誰かと分かち合う

堂珍　このところ、子育てうつ、産後うつ［22］という言葉をよく聞きます。今の社会にも原因があるのだとしたら、現代を生きる母親たちはそれを結局は自分で治していくしかないのかもしれません。先生、どうすればいいのでしょうか？

佐々木　もちろん母親一人で全ての子育てをやっていくというのはとても過酷なこと。一番いいなのは、誰かと喜びを分かち合う経験を持つことなんですね。例えば夫でもいい。喜びを誰かと分かち合うことです。

堂珍　母親自身が誰かと分かち合えるものを持つことですか。

佐々木　ええ。私はこれまで、そういった育児の悩みを抱えているお母さん方に「何か趣味はありませんか？」とお話ししてきました。「お料理はいかがですか？」とか、「手芸はいかがですか？」とか。あるいは「合唱

22　子育てうつ、産後うつ
子どもが生まれ、生活が一変し、戸惑いや不安がある状況で母親に生じるうつ。ホルモン変化や睡眠不足が関連していることもある。気分が沈み、不安、焦燥感にかられ、睡眠困難、食欲不振などにも陥る。

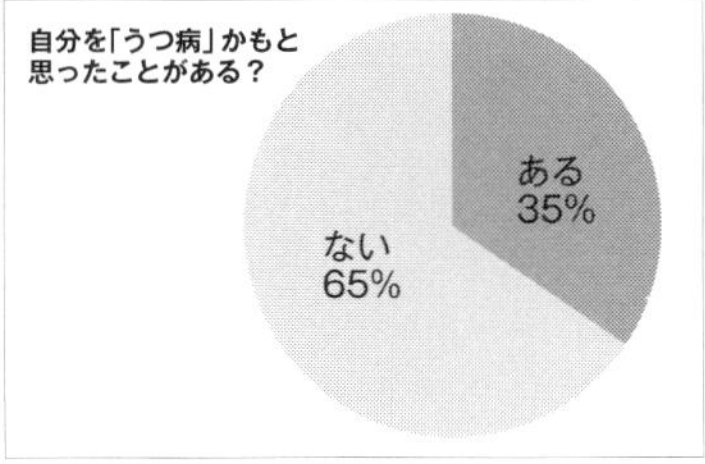

◉『AERA with Baby』2008年秋号特集「知っておきたいママのうつ病」より。0〜5歳の子どもを持つ母親500人の回答。調査協力：マーシュ

をなさいませんか?」と。そういったサークルやクラブに入っていいんです。何か共感し合える、喜びを誰かと分かち合えるところに出入りするといい。もちろん無理して頻繁にでなくてもいいんですが、そういうのがあるのとないのとでは大違いなんです。そういったものがないと、親しい人を持てなくなるんです。

堂珍 人と交わるのが非常に苦手になるということですね。

佐々木 そうです。人と交わることの原点は喜びを分かち合うこと。必要なときには、喜びだけでなく、悲しみも分かち合うこともあるでしょう。それが最も人間的な交わりなのです。いい夫婦は、喜びを分かち合えるし、悲しみも分かち合えます。いい親子もそうでしょう。一緒に喜び合える人が、家族のほかに友人や近隣の人であってもいい。いろんなところにいるといいんです。かつて「地域社会」[✎23]というものがあった時代には、近所にもそういう人がいたんです。

堂珍 今は、なかなかそういうふうに素直に喜びを伝えられる相手が少な

✎23 **地域社会**
「ご近所」「お隣さん」「町内」など。近いがゆえに煩わしいと敬遠されることもあるが、顔見知りになることで孤独や犯罪の防止につながると、見直されつつある。

くなってきています。自分がうれしいことを言えば自慢にとられるんじゃないかと思うし、率直な気持ちを話せば嫌われるんじゃないかと心配で。

佐々木　そうかもしれません。最近、私は講演に行っても研修会に行っても平気で「年をとって、もう失うものはありませんから」とはっきり言うようになりました。自分にとっては、妻と喜びを分かち合っているときが最高の喜びです。だから、妻の笑顔を見るのが最高の喜びなんですと、はっきり言ってしまうんですよ（笑い）。

堂珍　子育てをするとき、主役は母親で、父親である夫は妻の望みをかなえてあげるのが一番いいと、先生はおっしゃっていますね。妻が喜んでいる姿を見て、喜んでいる夫がいる。そういうことが大事なんでしょうね。そこで母親が父親に認められたという喜びを感じられれば、今度は子どもに対してもいいものを与えられるようになっていける。

佐々木　そうそう、そういう喜びが広がっていくわけです。手芸でも、お料理でもいい、歌でもいい。どこかで喜びの原点になるようなものをしっ

かり持っていれば、誰かと何かの喜びを分かち合えるようになっていく。わが子とも夫とも、友人とも隣人とも、何か喜びを分かち合えるようになっていきます。もちろん個人差はありますよ。あの人とは豊かに分かち合えるけど、この人とはさほどではない、というようなことはあるかもしれません。でも、その基礎になる部分があることが大切です。

堂珍　きっと、ちょっと意識するだけで、楽しい毎日になるんですね。

佐々木　そのとおりです。例えば夫婦で互いにちょっとしたすれ違いがあるときだって、子どもには笑顔でいたいという気持ちになるでしょう? その笑いを、子どもがまた笑顔で自分に返してくれたらうれしいですよね。笑顔を笑顔で返す。その笑顔で夫婦のわだかまりもしだいに解けるはずです。

堂珍　家族で何かおいしいものを食べたら、「これもおいしいから食べてみて!」って言って食べてもらいたくなります。そういうやりとりがずっと続いていくと、人間関係もうまくいくようになるし、コミュニケーショ

ン能力も養われていくんでしょうね。家族から始まって、どんな社会でも同じことなのかもしれませんね。

「ゲーム」が奪う父親の子育て時間

堂珍　そういえば、今、ちょっと問題かな、と思うのが「ゲーム」のことです。子どものゲームのことはいろいろいわれていますが、今の世の中のお父さんの中には、ゲームをする時間［24］がとても長くなっている人がいるそうなんです。

佐々木　お父さんが？

堂珍　はい。平日でも家に帰ればゲームをする、と。

佐々木　仕事がある日もですか？

堂珍　はい。休日はもっと長い時間だそうなんです。多分、今のお父さんたちは子どものころからファミコン［25］があった世代。教育熱心で「フ

24　ゲームをする時間
平日、どれくらいゲームをしたり、パソコンに向かっているのかを調査。

◉『AERAwithBaby』２００９年12月号特集「テレビ&ネットの落とし穴」より関連調査。０～５歳の子どもを持つ父親５００人の回答。調査協力：マーシュ

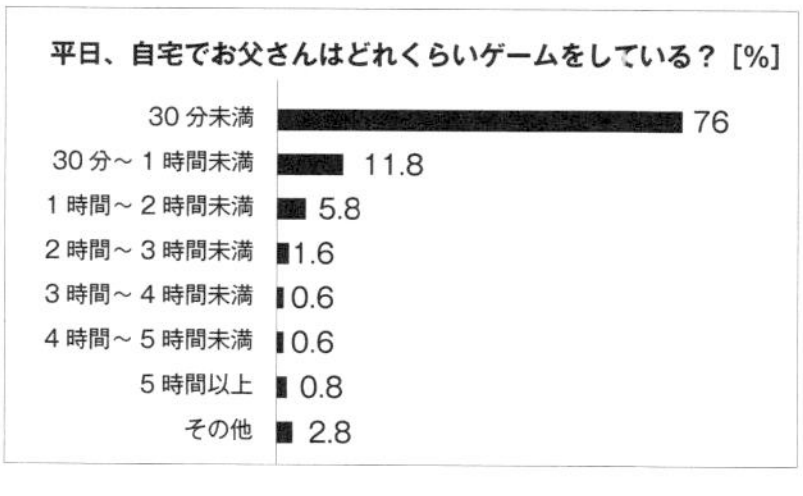

ァミコンはダメ！」って言っていたお母さんも多かったみたいだから、ゲームに対する執着心が大人になってから爆発しているのかも。

佐々木　子どものころ、できなかったものを、今やろうとしているのでしょうか。

堂珍　大人になれば誰も止める人はいませんから、好きなだけやってしまう。子育てもあるし、どこかに遠出するのは無理だけど、せめて家でゲームぐらいやらせてよっていうお父さんが多いって聞いています。

佐々木　普通の日に1時間とか2時間とか、ずっとゲームに向かっているっていうことは、その時間は子どもや妻とのコミュニケーションもとれないでしょう。びっくりしますね。

堂珍　夫があまりにもゲームに熱中していたら、その間、妻が子育ての上でどういうことを望んでいるのかなんて、全く考えるきっかけがないし、すれ違いだと思うんですね。母親だけが家庭をよくしたい、子どもをよくしたいと思っていても、父親はカヤの外で、ただゲームをやって過ごして

25 ファミコン
ファミリーコンピュータの略。1983年、任天堂から発売された、家庭用ゲーム機。国内で1900万台以上、海外で4256万台販売の大ヒットを記録した。

いるとしたら、すごいすれ違いですよね。

佐々木　驚きますね。そういうことも、我々がしっかり声を大にしていっていかなければいけないところだと思うんですよ。

堂珍　逆に忙しいのにかなりの家事を引き受け、子どもにも積極的に関わっているお父さんもいます。関わるお父さんと関わらないお父さんの差があまりにも極端。

先生のご本をお読みになるお母さんたちはすごく熱心で、やっぱり自分の子どもをよりよく育てたい、自分の家庭をよくしたいという思いがあると思うんです。それなのに現実には夫はゲームをしているばかりで、自分の願うとおりのことなど、何もしてくれないと不満を感じている母親も少なくないと思います。でも、妻の母親としての力があまりにも強過ぎて、家庭の中で夫の居場所がないから、ゲームに逃げるのかも……ということもあるかもしれませんね。

佐々木　なるほど。

堂珍　仕事から帰ってきても、家では妻から、あれしろ、これしろって指示出しばっかりされて気が休まらないから非現実の世界へ行くのかな……。

昔みたいに父親の威厳もないし、家族の中心は父親ではなくなっているような。父親も母親も、今は、あらゆる価値観が揺らいでいて、どういうふうに子どもを育てていけばいいのか、すごく悩んでるんじゃないかと思うんです。母親の望む父親になるべきだし、父親が望む母親になるべきなんですが、この揺れる時代の中で、それをどういうふうにお互いが歩み寄っていけばいいのかな、って考えてしまうんです。

佐々木　今そういうお話を聞きながら、私が若くて働き盛りだったころはどうだったかな、と考えていました。私は家で仕事をしていることも多いんですが、自分の書斎でワープロで原稿を打っていたり、本を読んでいたり、調べ物をしているときがあります。今もそうなんですけどね。すると、頃合いを見計らって、よく妻が「お茶がはいりましたよ」って言いに来るんです。これはただ私のためにお茶をいれてくれたことを伝えに来たんで

はなくて、「一緒にお茶を飲もう」っていう意味なんです。一日うちにいたりしたら、午前と午後、一日何度かそういうことがあるんです。大したお茶菓子があるわけではないんですが、「コーヒーにしますか？ 何にしますか？」と。一人でお茶を飲むよりは、一緒に飲んだ方がおいしいっていうことですよね。夫婦ってそういうものじゃないかと思うんです。

仕事がのっていて、今ちょっとここで中断したくないなと思うこともあるんです。でも、私はそれでもちょっと一時、仕事はやめます。だって、せっかく妻がお茶をいれてくれるんですからね。お茶を飲んだくらいで仕事が大きく遅れをとるなんていうことではないんですから。そこでちょっと休んで少しおしゃべりして、また仕事を続ければいい。休日でも「お茶がはいりましたよ」っていうことはとても多かったですね。

堂珍　そういうふうに時間を共有することを楽しいと思えないから、ゲームに行っちゃう夫が多いんでしょうかね……。

佐々木　一人でゲームをするより、一緒にお茶を飲んでいる方が楽しいは

ずですよ。あるいは映画に行くとか。ちょっとした時間でいいんですよ。半日ちょっと休みがあれば、一緒に映画を見られますからね。

堂珍　たまにそうやって夫婦で共有できる時間を持つから、日常も大事にできるものなんですね。

佐々木　本当にそうですね。

子どもにとっては絶対に母親

堂珍　先生、私には男の子3人と女の子が1人いるんですが、やっぱり子どもたちは驚くほど母親が好きですね。

佐々木　子どもというものは、非常に母親が好きなんですね。よく覚えてるのは今40歳の長男が3歳ぐらいだった大昔のことです。長男が「ママのこと好き」って言うから、「どうして好きなの？」って聞いてみたんですね。すると「ママ、いい匂いがするから好き」と言ったんです。何げなく、

実に軽く、そう言ったんですね。

それで、私は少しいたずら心を出して、「ママは高い香水を塗ってるんだ」っていうようなことを言ってやったんです（笑い）。すると、長男がちょっと怒ったんですね。「香水の匂いじゃない」って。「ママの匂いだよ、パパわかんないのかな？」みたいな雰囲気を、わずか3歳の子どもが示しながら言ったんですよ。私は長男が言いたいことがわかったような気がして、「そう、ママはそんないい匂いがするんだ。いいね」って言ってあげたら、「うん」って言って。それで安心して、また遊んでましたね。3歳ぐらいのときにはうまく言えないものですが、そのほんのひと言はとても重要な言葉ですよ。「ママの匂いがある」って言うんですからね。

父親とはもう決定的に違うんです、母親は。父親の私から見たら、本当にうらやましいと思いました。

堂珍　『おかあさん』［26］っていう歌がありますよね。うちでは子どもたちが母の日になるとよく歌ってくれるんですけど、歌詞の中で、お母さん

26　**『おかあさん』**
田中ナナ作詞　中田喜直作曲。2006年に、「日本の歌百選」にも選ばれている、日本を代表する童謡。

はしゃぼんのあわのにおいというのが出てきますよね。私、あの歌が大好きですね。

佐々木　作詞した人の気持ちの中には、母親に対するいろんなものがきっとあるんでしょうね。特に「いい匂い」の記憶は抜けないんでしょう。具体的な出来事の記憶ではなくて、匂いの記憶。

堂珍　確かに、親とどこかに旅行に行ったとか、そういう特別なことではなくて、日常的な「匂い」みたいなものは、大人になっても思い出しますよね。私もそうです。今、自分が母親になってからは、母が私たち子どものために、どれほど時間をかけて手間がかかることをやってくれていたかに気付きました。愛情を感じてうれしくなることがあります。

佐々木　そうでしょう。私はもう年をとって、両親とも十数年前に亡くしましたが、年をとればとるほど母の思い出は、よりずしんと重く深くなってくるような、そんな感じがしています。

第二次世界大戦で日本が敗戦したとき、私は10歳で小学校4年だったの

ですが、あの大変不幸な時代に、私の母親は子育て真っただ中にいたわけです。よくあんなに絶望的な中で、私たち子どもを一生懸命育ててくれたなぁと思います。これだけ豊かになって、自由にいろいろなことができるようになった今の時代には想像もつかないような、過酷な子育てをしたはずなのに……。それなのに私の母は、私たちきょうだいを幸福に育ててくれたということが、だんだん思いとして深く強くなってきました。自分の人生が終わりに近付いてくればくるほど、そういう思いがより強く感じられるようになりましたね。

「お母さん」っていうのは、すごいものなんですよ。子どもにとっては生まれる前から、おなかにいるときから関係がありますからね。お母さんのおなかから生まれた直後の赤ちゃん、いわゆる新生児は、昔の心理学では、何も考えていない、何も見えていない、聞こえてもいない、そんな存在だと思われていたんです。

ところが、イタリアの近年の研究を読むと、どうやらそれはとんでもな

い間違いだったようなんです。MRI〔27〕を使って、生まれた直後から赤ちゃんの脳の働きを観察したそうなんです。その研究によれば、生まれた直後、赤ちゃんはお母さんの呼び掛けにはとってもいい反応をするんです。脳が反応する。耳が聞こえてないとか、考えていないということではないんです。すごいことですよね。でも、お父さんの呼びかけにはあんまり反応しないんです、寂しいくらいに（笑い）。お母さんの呼びかけには、とっても豊かな反応をするんです。

堂珍 聞いてたからですかね。

佐々木 聞いているんですよ、おなかにいるときからね。それで、新生児は女性の声が好きなのだろうかということになって、女医さんや看護師さんが呼びかけてみた。でもダメなんです。お母さんの声を愛着的に覚えていて、お母さんの声だけに反応するんですね。研究者っていうのは次から次へと思いつくもので（笑い）、今度はそのお母さんに、にわか勉強でドイツ語やフランス語を覚えてもらって、ドイツ語やフランス語で呼びかけ

27 MRI
magnetic resonance imagingの略。磁気共鳴によって、体内の様子を調べる医療機器。放射線を使わないので、妊娠中に行う検査などにも比較的容易に利用できる。

てもらったんですが、それだと母親の声でも反応しない、というんですよ。

堂珍　すごい！　母親が、母国語で話すときだけ反応する？

佐々木　母国語じゃないと反応しないんです。つまり、おなかにいるときに聞き慣れていた言葉と声じゃないとダメなんだっていうことです。お母さんの存在っていうのは、本当にすごいもんですよね。

堂珍　そんなにちっちゃいときからそうなんですね。

佐々木　びっくりしますよね。ですから、私は育児の主役はお母さんじゃないと、子どもがかわいそうだと思う。お父さんとお母さんがほぼ同じような役割を折半して分担し合えればいいとは、絶対思わないです。思わないし、そういう考えには私は反対ですということを伝えたいんです。

もちろん、お父さんがいろいろな形で育児に関与することは重要です。お母さんが求めているような協力をするっていうことの大切さは重々承知していますが、それとは別に、子どもが求めている絶対的な存在である、母親の重要さとは意味が違うんです。

父親はどのように育児に関わるべきか

堂珍　では、父親はどんなふうに関われればいいんでしょうか？

今、「イクメン」［28］なんていう言葉がはやって、育児や家事に積極的に関わる父親がいいという風潮なのかなあという気がします。おむつを替えたりごみ出ししたりする、それはそれですてきなお父さんだなと思うんですけど、それよりも何よりも、父親としてのあるべき姿を家族みんなが尊敬できる方がいいんじゃないかと、個人的には考えているんです。

私には、時間で返してくれなくてもいいから、思いで返してくれればそれでいいって思うんですよね。

佐々木　それは素晴らしいことですよ。もちろん、お母さんが望んでいるようなお父さんになるのが、私は一番いいと思います。おむつ替えからごみ出しからみんな、全部半分ずつやってくださいということを強く望む妻

28 イクメン
育児とMENを合わせてイクメンと称した造語。子育てを楽しみ、同時に自分自身も成長する男性のことをいう。イケダン（イケてる旦那）、オムリエ（おむつに詳しい男性）なども増殖中の模様。

だったら、夫はそうするのがいいんだろうと思います。お母さんが望むお父さんであるということは、とても重要なことですからね。

だけど、あくまで育児の主役はお母さん。

というのも、それが子どもにとっての幸福だからなんです。子どもというのは、命が芽生えた最初の段階からお母さんのおなかの中で、お母さんと一心同体でいるわけです。イタリアの研究でわかるように、新生児期ですでに、お母さんに対する感情はほかの人とは全く違うわけでしょう？　だから私は、子どもの幸福のためを考えて、育児の主役はお母さんですよと言っているんです。お父さんは、脇役というか、共演者、助演者。主演はあくまでお母さんなんです。

堂珍　最近の父親はみんなそうだと思うんですが、働く時間が長かったり［29］不規則だったりで、子育てに関われない人がたくさんいると思うんです。そんなときに父子関係をうまくいくようにするには、どういうふうなことに気を付けていればいいんでしょうか？

29　働く時間が長い
日本の夫の1日当たりの平均労働時間は529分。ほかの国と比べると、韓国510分、フランス496分、アメリカ480分と最も長い。（連合総研2009年調査）

佐々木　子どもの母親である妻が望むような夫であること、父親であることだと思います。母親が満足するだけのように思いますが、そうではないんです。結局は、母親が満足するような父親になることが、父子関係をよくしていくことにつながります。これはもう決定的にそう思います。

堂珍　母親が父親に対して満足していれば、子どもも父親に満足するっていうことなんですね。

佐々木　ええ、絶対満足しますよ。

堂珍　昔の父親［30］は、すごい存在だったと思うんです。私の父親もそうでした。逆らえないし、何か口答えしたら必ず怒られるし。それぐらい父親の存在感が大きい家で育ったんです。

でも最近は、どこを見ても、母親が幅を利かせているご家庭がほとんどじゃないでしょうか。そんななかでしっかりとした父子関係をつくるのにはどうすればいいのでしょうか。特に、男の子の場合は父親との関係が重要だと思うんですが……。

30　昔の父親
家族の統率者であり、「家長」「大黒柱」として、威厳ある怖い存在であった。今も残っているのは、『サザエさん』の波平くらい？

佐々木　いや、男の子でも女の子でも、それは当然重要なものですよ。

堂珍　男の子だけではないんですね？　私はできるだけコミュニケーションをとるようにして家庭での会話を大切にしているんですが、母親が父親としっかりコミュニケーションをとって互いに満足していれば、子どもも父親と素直な父子関係を持てるようになれるものでしょうか？

佐々木　なると思います。父子関係には子どもと父親との直接的な関係もあるし、ある種、間接的な関係もあると思います。いろんな関係があるなかで、やっぱり何よりもお母さんが望んでいるようなお父さん、妻が望んでいるような夫、という方向に気持ちを持っていくことが、よい父子関係を築くために最も適切だと思います。そうしておけば、間違いがないというか。

なかにはどうしても、母親が父親にも母親と全く同じ役割を演じてほしいと強く望んでいる人もいるかもしれません。その場合は、母親の望みなのですからそうせざるを得ないのかもしれませんし、むしろそうするのが

いいのかもしれません。でも、私はあまりおすすめしないですね。子どもがそれを望んでいるわけではないですからね。

堂珍　父親と母親と、同じことができたとしても、子どもはやはり、母親に手をかけてもらうことを望んでいることの方が多いんでしょうか。

佐々木　それはそうです。本当に違いますから。

親の愛情には母性的なものと父性的なものがあります。子どもに安らぎやくつろぎを与えてあげることが母性的な関わり方。例えば子どものことをありのままに認めてあげる、許容する、受容する、承認する。つまり少し極端な言い方をすると無条件にわが子を愛することが母性的な愛情の本質なんです。

それに対して父性的な関わり方は、規則や規律や責任や役割といったものを、物心ついた子どもにしっかり教えていくことです。子どもをそのまま受け入れるんじゃなくて、「こうでなければいけませんよ」ということを伝える力が父性。そしてそこに基づく愛情が父性的な愛情なんですね。

子どもには母性的な関わりと父性的な関わり、その両方が必要なんですが、どんな場合であっても、子どもに対しては母性的な関わりが優先されます。母性性が豊かに働いている家庭の中で、子どもが受容され、承認され、家庭にいることで安らぎやくつろぎをしっかり感じることができて初めて、父性的な部分が必要になってくる。

堂珍　私も小さいころ、けがや病気のときは、父ではなく、断然母にそばにいてほしかったことを思い出しました。父親と母親が同じことをしても、子どもにとってはやはり母親がするときの方が満足感が高かったりすることがあるんですね。

佐々木　母親の存在は大きいんです。だから子どもが頼みたいこと、してほしいことがあるんだけれど、どうしてもお母さんにはできない、あるいはお母さんには知られたくない、っていうようなときにこそ、父親の出番が大いにあるんだと思うんですよ。

もちろん、日常のこまごまとしたことのなかにも、そういったことはあ

るでしょう。でも、子どもに対してあらゆることを夫婦で均等に行って、同じ役割を演じている人が2人いればいいというような単純なものではないことだけは、知っておいてほしいと思います。

堂珍　なるほど。単純に男性だから女性だからとか、昔からそうだったからということではない、人間として重要な役割が、母親と父親にはそれぞれあるということですね。

最近では育児参加する父親がかっこいい！というようなムードもありますね。

佐々木　それを奨励する社会になってきています。でも、同じ役割の人が2人いても仕方がない、ということなんです。

堂珍　「イクメン」の前に、母子関係がちゃんとできていることの方が、子どもにとってはよっぽど大事だということですね。

自己愛ではない無償の愛を子どもに

堂珍　長男が小学校の受験をしたもので、いろんな経験をしました。でも、子どもがいくら希望の学校に行ったって、夫婦仲が悪くて家の中がすさんでいたら意味はないし、子どもは絶対それでは育たないんじゃないかな、と思っていて。受かるかどうかもわからないし、もし落ちて地元の学校に行くことになっても、それはそれで、この子に合った道をおのずと選んでいけるんだろうと、ある意味、天任せにしていたようなところがあります。

佐々木　それがいいです。大きくなればなるほど子どもに任せてやればいい。子どもは自分で考えますからね。

堂珍　私自身、子どものころ親から「勉強しなさい」と言われたこともないし、何でも好きなことをやらせてもらいました。母に言わせれば「私が自分で決めたことを伝えるから相談されたこともない」と（笑い）。でも

最近、子どもは親の決めた道に行ってほしいという気持ちが強い人が多いような気がします。特に母親に。

佐々木　自己愛ですよね。秋葉原事件［31］を起こした青年は、高校入学まではお母さんの思ったとおりの進路を進んでいたそうですね、ずうっと。青森県で最も偏差値が高い高校に入学してからおかしくなっていったそうです。自分で考える前に親が決めた道を進まされ、無理やり勉強をがんがんさせられた結果、あのような事件を起こして……。不幸なことです。

堂珍　親にいわれた道をただ歩んでいるだけだったら、自分のためじゃなく、親のために生きているような……。

佐々木　親の自己愛を満たすためにね。

そういえば、私には一度、こんな経験があるんです。もうずいぶん前に亡くなった母親の思い出です。私たちきょうだいに対しての母親の愛情の大きさ、豊かさというのは、子どもから見てうれしいほど大きかったという出来事です。

31　秋葉原事件
秋葉原無差別殺傷事件。2008年6月、東京・秋葉原の交差点において、元派遣社員加藤智大被告が通行人ら、17人を無差別に殺傷した事件。

母は明治生まれ。家が貧しかったからでしょう、小学4年生ぐらいから子守の仕事みたいなことをしていて、小学校もちゃんと卒業してない。大きくなってから、そのことを父から聞かされて、「そうだったのか」と思いました。

勉強のことについては子どもに対して何も言ったことがないですし、成績にこだわったこともちろんありません。そんな母に、一度だけこんなことがあったんです。

2人いる弟のうちの下の弟が、あるとき私に言ったんですよ。「お兄ちゃん知ってる？ お兄ちゃんがもらってきた何かの賞状、ほら、あの表彰状みたいな、学校からもらった賞状。あれ、母ちゃんがね、お風呂のたき付けに使ってたよ」って。まあ、それは、ちょっとした衝撃でした（笑い）。

堂珍 えええっ！ それは大きな衝撃を受けそう！

佐々木 その弟は賞状なんてめったにもらわないような子だったんですね。

だから驚いたんでしょうが、母は「こんなものは大した意味があることじゃないんだ」っていうようなことを、さりげなく弟に伝えようとしたのかもしれないし、本当に「大したことではない」と思っていたのかもしれない。でもある意味、何か身をもって教えてくれたみたいな気がするんですよね（笑い）。「賞状をお風呂のたき付けに使ってたよ」って聞いたときに驚きはしましたが、「なんてひどいことをするんだ」とは全く思わなかったんです。

堂珍　そこに愛情が感じられたから、ひどいこととは思わなかったんですね。

佐々木　そうでしょうね。母の意図は全くわかりませんでしたが（笑い）。

堂珍　昔、戦場で兵士たちが「お母さん」って叫びながら死んでいったという話を読んだことがあります。それくらい、昔から「母親」というのは絶対の存在だったんですよね。でも、今は母親が変わったのか、時代が変わったのか。母親が絶対的な存在であることが揺らいでいるのでしょう

か？

佐々木　変わらないでいてほしいですね。母親というのは、あらゆる人間のよりどころです。私たちは日本語に、「母」という字が付く多くの言葉を持っています。外国語でも大体そういうものだと聞いていますけどね。

例えば、自分の国を「母国」っていうでしょう。自分の国の言葉を「母国語」っていいますね。学んだ学校を「母校」といいます。船が船団を組んで、戦争に行くときにしろ、魚の漁に行くときにしろ、中心になる船を「母船」っていうんですよね。ほかにも「空母」、「航空母艦」というように、何でも「母」が付く。

堂珍　確かにそうですねえ。

佐々木　ほかにも港を母港っていいますね。みんな「母」なんです。

堂珍　ほんとですね、あっちこっちに使われてますね。

子どもたちが心底困ったときにはやっぱり母親のことを思い出してほしいです。でも、そうなるように母親がしてないから、そう思えない子ども

たちが多いのかもしれません。母親は、ある意味自分を犠牲にしてでも子どもに無償の愛を注いでいかなければ、そういうふうにはならないのかな……。

佐々木　ならないでしょうね。

堂珍　先生のお母さんはすごいと思います。ものすごい豪傑かもしれないですね。私もそんな母親になりたいです。

佐々木　ははは……。賞状をたき付けにしたりね（笑い）。

佐々木先生の子育てQ&A 3

24時間ずっと子育ての毎日。子どもはかわいいけれど、正直、疲れてしまいます。いつも周囲から「母親は子育てだけに時間を注ぐべき」という無言の圧力を受けているような気がします。それから逃れたくて、ときどきママを休みたくなります。たまには息抜きをしてストレスを解消したいと思うのですが、独身のころのように自由に遊ぶこともできないでしょうし……。「ママの息抜き」をするとしたら、どの程度までが許されるものなのでしょうか？

子育てをしていて「息抜きをしたい」というのは、母親として正常な感覚だと思いますよ。大変なことですからね。そんなときには、父親のサポートが必要でしょう。たまには父親が母親と交代して、母親が「息抜き」ができるようにしてあげるべきではないでしょうか。育児を代わることが難しいとしても、ふだんから、父親は母親に言葉で「いつも大変だよね。ご苦労さん。ありがとう」といった気持ちや言葉を伝えることが必要だと思います。

以前は、子育て中の母親が出かけていけるような場所は少なかったのですが、最近では子

どもを連れて入れるお店が全国各地にできているようですね。私が勉強会をしている町でも、ある保育士さんが仕事を辞めた後、子ども連れでお茶が飲めるようなコーヒーショップを開いたそうです。お店の中には子どもが遊べる楽しいコーナーがあって、お母さんはわが子をそこで遊ばせながらでも、ひざに乗せながらでも、好きなようにお茶を飲むことができるそうです。子どもが泣いたり、ワーワー声を上げたりしても、そういうお店なんだからと許される。お母さんたちはそこに集まって、ゆっくり雑談ができるし、くつろぐことができるようです。井戸端会議の現代版のようなことができる場所なんですね。そういったお店などを自分の家の近くで探して、子どもと一緒に行ってみるのもいい息抜きになると思います。

また、どうしても子どもと離れたいときには、信頼できる人に子どもを預けて、ひとりになる時間をつくるのもいいでしょう。子どもに無理をさせるようなことではいけませんが、周囲のサポートを得て、息抜きをすることは必要だと思います。

佐々木先生の子育てQ&A 4

子育てを通じて知り合った、いわゆる「ママ友」がいます。ママ友と、子育て以外のことについてどこまで話していいのか、どの程度距離をおけばいいのか、その基準がよくわかりません。また、ママ友がたくさん欲しいと思って付き合いを広げたものの、人間関係の悩みや付き合い上でのストレスも増えてしまいました。今では、ママ友付き合いがしんどくなっています。どう考えればいいのでしょうか？

「しんどい」と思うようなら、無理にママ友をつくる必要はないと思いますよ。その人が人間関係に喜びを見いだせるかどうかは、幼いころの成育環境にも左右される問題。母親になってからも、人間関係が苦痛だと考える人と、人間関係が喜びである人と、相性がいい人としか付き合えない人と、いろいろな人がいるのは仕方ないことだと思うんです。

でも、だからといって、母親になってからではもう取り返しがつかないということはありません。今からでもいいんです。自分の感情を満たしてくれる人がそばにいれば、人間関係

に喜びを見いだせるような人になれるかもしれません。例えば、夫や、ママ友ではなく、もともと親しい友人でもいいでしょう。そういった人に、自分の話をよく聴いてもらうとか、訴えを聴いてもらう。そういうことがうまくできるようになってくると、しだいに人間関係に喜びを見いだせるようになってくるはずです。また、夫との関係がうまくいくようになることで、少しずつママ友との付き合いも柔軟にできるようになっていくはずです。

それから、ママ友の「人数」は気にしなくてもいいと思いますよ。何人もの人と付き合えるからいい、というわけではありません。やたらに大勢の人と付き合うというのは、むしろ不自然なことかもしれません。

まずは、夫など身近な人に自分の話をよく聴いてもらえるようにして、人間関係が柔軟に築けるようになってきたら、いい関係を築ける人を少しずつ探していく、という気持ちでいればいいんだと思います。

私の妻も、子どもを連れて遊びに行ける親しい人の家庭がいつもありました。

第3章 子どもは依存と反抗を繰り返して自立する

乳幼児期を「粗末」にしないで

堂珍　大人になってからいろいろな問題が出る人のなかには、小さいころの母子関係があまりよくなかったというお話を、前にうかがいました。そんなにはっきり違うものなのでしょうか。

佐々木　そうです。母子関係がちゃんとしていないのに、ほかの人との人間関係をちゃんと育てていくというのは難しいことでしょうね。

私は昔、大学病院で仕事をしてるときに「依存症」、当時は「中毒」［32］

32 依存症、中毒
ある種の快感や高揚感を求め、薬物の摂取やある種の行為を繰り返してしまう症状。従来の中毒だけでなく、インターネット依存、メール依存、買い物依存、恋愛依存など、行動への依存もある。

と呼ばれる患者さんを何人も診てきました。当時はアルコール中毒とかヒロポン中毒と呼ばれた患者さんが多く、今ほど多様な依存症はなかった時代でした。そういった人たちの生い立ちのなかに一番多く共通していたのが、決定的に乳幼児期が「粗末」であったということです。問題は大人になってから一挙に出てくるのです。

堂珍　小さいうちには、そんなすぐには出てこないのですか?

佐々木　そうです。だからこそ、みんなうっかり「粗末」に考えてしまうのだと思います。

堂珍　その「粗末さ」というのは、心の粗末さだったり、貧困という経済的な粗末さだったり、いろいろなものがあると思うんですが。やっぱり心の粗末さが最も大きな問題になるのでしょうか。

佐々木　そうだと思います。私は自分なりにかれこれ40年以上、子どもや青年や家族の精神医学、精神保健の仕事をやってきました。その長い時間の中で、自立できない人の決定的な問題は、乳幼児期の「依存」の不足だ

と確信しています。

著名な人が何か問題を起こした場合、ニュースになって、プライバシーがなくなるほど報告されてしまうんですが……。例えばこれは大きなニュースになったので、皆さんご存じかもしれませんが、酒井法子［✎33］さんというタレントさんがいますね。「のりピー」と呼ばれている方です。私はあの人が覚醒剤の依存症になっていると報道されたときに、実は全く知らない人だったんです。たまたまその日、３人の息子のうち２人が家におりましたのでニュースを見ながら「この人、誰？」と尋ねたのですが、「のりピーを知らないなんて！」と笑われたんです。「いやあ、聞いたことなかったなぁ」なんて言うと「有名な人だよ」といろいろ教えてくれました。裁判員制度が始まるときに、それを国民に周知徹底させるための広報映画で主役を演じた人だという。「それくらいすごい人なんだよ」と言われて、私は驚いたんです。

驚きながらも、ふっと自分の経験から感じるものがありました。「何か

✎33 酒井法子
アイドルタレントとして、結婚、出産の後も、人気女優として活躍していたが、夫とともに薬物依存が発覚。実母でなく、複数の母親に育てられたという過去も明らかになった。逮捕後の著書に『贖罪』（朝日新聞出版）がある。

りピーの赤ちゃんのころとか、幼いころの生い立ちを知りたいな、お父さんは」って、ふっと何げなく言ったんです。息子たちもそのときはそんなに深刻に誰も受け止めなかったと思うんですが、しばらくして妻がたまたま美容院に行って、週刊誌を読んで帰ってきて、「週刊誌にのりピーさんが出ていたわよ、彼女は1歳までにお母さんが父親とは別の男性とどこかに行ってしまって、10歳までに、確か3人ぐらいお母さんが替わったっていうことが書いてあったわよ」と話してくれました。「パパ、あなたのいってることとつながるんじゃない？」と言うんですね。

発達心理学者のエリク・エリクソン［34］がいうように、1歳から3歳のころの時期にやり残したことがあるというのは、「見せかけの前進」はあったとしても絶対に後戻りをするんです。依存症というのは、足りない依存を後戻りしてやり直していること。子どもが依存と反抗を繰り返しながら自立していくというプロセスのうちの、ひとつのやり直しなんです。

34 エリク・エリクソン
Eric Homborger Erikson（1902～1994）ドイツ生まれの発達心理学者。精神分析家。幼児の心理研究をはじめ、「アイデンティティー」の概念を提唱したとされる。

もちろんそんなことを本人は意識してないんです。でも、そういうものなんですね。

堂珍　「見せかけの前進」とは、どういうものなのでしょうか？

佐々木　私が昔、大学病院で今でいう「依存症」の患者さんの治療に一生懸命取り組んだ時代には、上司から「その患者さんの生い立ちを徹底的に調べさせてもらうんだよ」ということをいわれ、家族をいろいろお招きしたりして聞きました。するとそういった患者さんのほとんどが、乳幼児期がみじめで、寂しい方ばかりなんです。その足りない体験のやり直しをするのが「中毒」、つまり今でいう「依存症」なんです。本来やるべきことが足りていないから、大人になってから薬物に依存し、社会に反抗していくことになる。子どもが自立するために絶対に必要なプロセスである「依存と反抗」というのは、本当にすごいことなんだなと、何度も改めて思うんです。いろんな臨床経験をしたなかで、このことは間違っていません。

親っていうのは子どもにとって最も依存と反抗をしやすい存在です。そ

の次にしやすいのが祖父母。親の次に徹底して依存と反抗ができるという面もありますね、祖父母は。

堂珍　確かに。そうやって子どもは親への愛情を深めていくんですね。

佐々木　日本の高校生に「あなたは自分の両親が年をとって、人の助けがなければ生きていけなくなったときに、最善を尽くして援助しようという気持ちがありますか？　親の面倒を見られますか？」［35］と尋ねた、日本青少年研究所が行った調査研究によれば、諸外国は低いところでも50％ぐらい、高いところは80％以上が「イエス」だったんです。だけど、日本の高校生はわずか16％にすぎなかった。悲しいと思いましたね。衝撃的な数字です。

堂珍　その調査、私も拝見しましたが、同じアジアでも韓国はその値が日本に比べてずいぶん高いようですね。宗教的な問題だったり、育て方に違いがあるんでしょうか。同じアジアで、国としても似てるようなところもあるので、この違いは何なんだろうって思ったんです。

35 親の面倒
◉日本青少年研究所　1995年調査

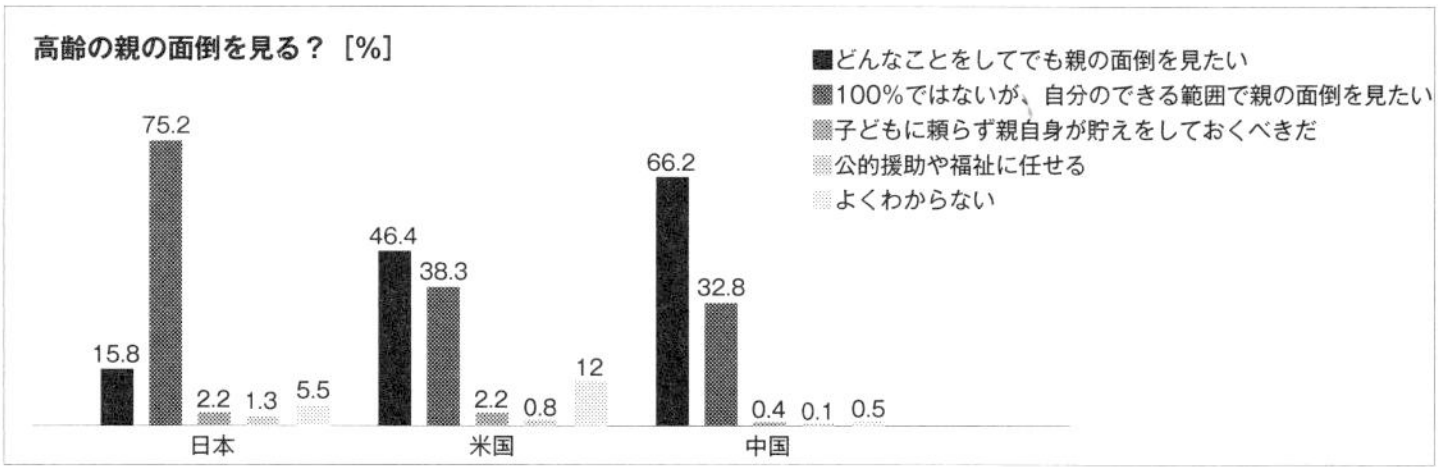

佐々木　私はかつて韓国には10年以上続けて、大学や市民向けの講演、講義に行っていました。近年では、中国の大学や市民講座に行って6年になるんです。中国に行って思うのは、だんだん日本化しているということです。それも、不幸な形でね。親の子どもに対する気持ちは日本の親よりも豊かなものの、いずれ日本みたいになってしまうのかもしれません。それでもまだ、日本よりは自然な、わが子に対する母性愛的な感情は残っているなあということは強く実感するんですが。

堂珍　親にそういう気持ちがあると、子どもも、親に対する敬意が自然と生まれてくるものではないんでしょうか。

佐々木　大きくなって物心がついて、いろんなことが理屈で理解できるようになってから、親に対する敬意や愛情が芽生えるわけではないんです。もし大きくなって、理屈でわかるようになってからでいいなら、言葉で一生懸命教えればいいわけですが、そうじゃない。それをいやというほど教えられました。

私の大学院の博士課程を2011年3月に修了し、博士号を取得して、岐阜のある大学に赴任していかれた鍵小野（かじおの）美和さんという人がいます。その方は中国の大学生と日本の大学生を比較するというとても優れた研究をされました。私の大学には、中国から非常に優れた教授が何人かおみえになっていて、そういう先生のご協力を得ながら、日本の大学生と中国の大学生に、いろんなことをアンケートで問いかけて調査研究されたんです。私にも少しお声がかかったので、一部お手伝いしたんですが、見事な研究でびっくりしました。

堂珍　どんな研究ですか？

佐々木　最初に、日中双方の学生に、「あなたは赤ちゃんのころのお母さんの匂いの記憶がありますか？」と聞くんです。答えは5段階ぐらい用意されていいます。お母さんの匂いの記憶が「しっかりある」「ある程度ある」「あるような気がする」「ほとんどありません」「全くありません」というような5段階。そこに学生は自由に丸を付けていくんです。

次に「小さいころに聞いたお母さんの声を覚えているか」「赤ちゃんや幼いころに、お母さんのすぐ隣で寝た添い寝の記憶があるか」といったことを聞き、またそれぞれに5段階の回答が用意されている。

さらに、今度は母親のことから離れて「小学校時代にどんな遊びをしたか」「友達がいたか」というようなことを聞き、最後の最後に、「大学生になったあなたの気持ちを聞きたい」という質問がくる。「あなたには自尊心がありますか」「自己肯定感情がありますか」「夢がありますか」「希望はありますか」「意欲がありますか」といったことを聞くんですね。そしてそれについても、「旺盛にある」から「全くありません」まで、5段階の回答があります。学生は全て自分の主観で、無記名で回答をします。

集計されたものを教えていただいて、とても驚きました。「お母さんの匂いを覚えている」という質問には、「覚えている」という度合いが強ければ強い学生ほど、最後の「自尊心」や「自己肯定感」も旺盛だったんです。母親の記憶が、子どもの意欲や希望や夢といったものにそのまま直結

するということです。そのパターンは、日本の大学生も中国の大学生も同じでした。乳幼児期の幼いころのお母さんに対する匂いや添い寝などの記憶が豊かであればあるほど、現在、大学生になった自分に対する自己肯定感や自尊心が豊かになる。

ところが、中国と日本の大学生を比較すると、日本の大学生の方が「お母さんの匂いを覚えている」という学生が圧倒的に少なかった。当然、自尊心や自己肯定感も低かった［✎36］わけです。中国の大学生の方が、その結び付きが強い。日本の教員としては、悲しかったですね。

堂珍　日本の母と子の接し方は、薄いんでしょうか？

佐々木　ええ、薄いんですよ。接触だったり、接し方が。

堂珍　密着していても、そこに感情が行き来してないから残らないということでしょうか？

佐々木　いや、その部分はこのアンケート調査からは分析できませんでした。だけどよく考えれば、子どもとの接触時間が中国のお母さんの方が長

✎36　自尊心や自己肯定感が低い

◉日本青少年研究所　1995年調査

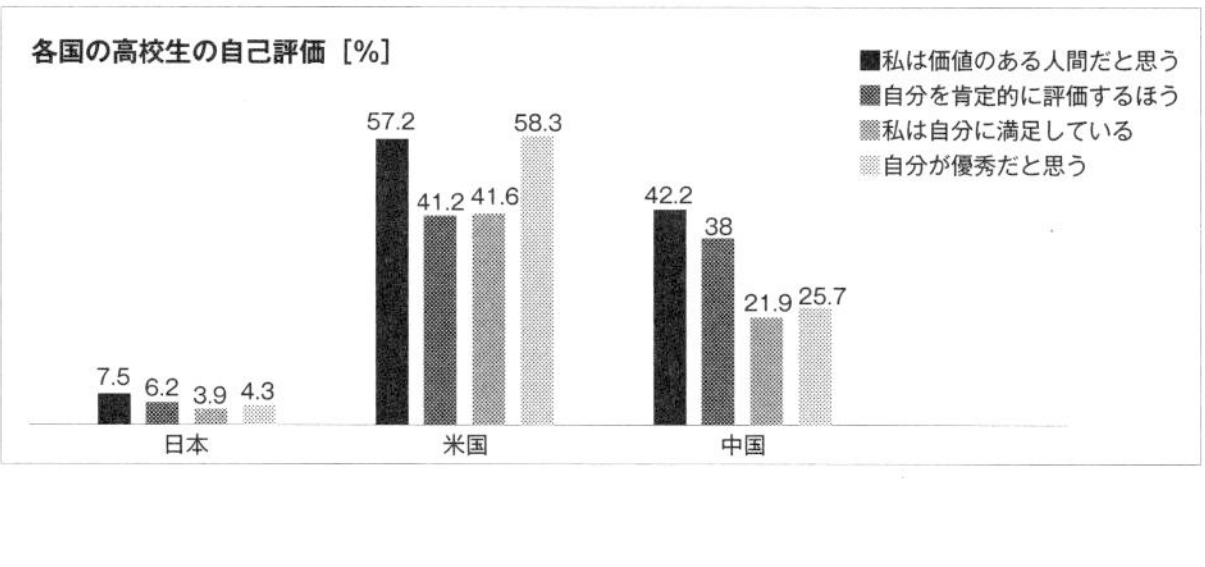

いといったことはなかったんです。中国ではお母さんが働いてる時間が長いですし、休日も働いてるというお母さんもかなりいらっしゃいますからね。母と子の接触の仕方についてて細かくは吟味してないんです。

だけど、大学生が赤ちゃんのころを振り返って一生懸命考えて、私はママの匂いを覚えていると答えようとする感情が、現在その学生自身の意思や意欲や自尊心をとっても強くしているということを、決定的に教えられましたね。

堂珍　確かに「匂い」の記憶って、すごく大事だなって思うことがよくありますね。私も土曜日に学校から帰ってくると、母がよくパン生地を発酵させて待っててくれてて、それでピザを作ってくれたんですよ。どこかで母と何かをしたっていうような小さいころの記憶はないんですけど、そのときのパンの匂いは、ふっと思い出すことがあります。

そのたびに、自分はなんて幸せな時間を過ごしたんだろうなってしあわせに思うんです。

子どもの自立と「引きこもり」

佐々木　2～3年前でしょうかね、共同通信の記者が、虐待について全国で取材して連載していたことがあり、その後、『虐待』［37］という本にまとめられ、私はよく読ませていただいたのですが、なかにひとつ、忘れられない事例があるんです。世間的に大変恵まれた家庭で育ち、非常に能力の高い女性が、結婚した後、わが子を虐待してしまうという事例です。

大変恵まれた家庭に生まれ、蝶よ花よと大切にされて、そしてお稽古事がよくできて、勉強もよくできて、多くの人が希望するような学校に入学して卒業し、とんとん拍子に大学まで行って、そして、周囲の人が一般的な意味では大いに祝福したくなるような結婚をされた。それがその後、生まれた子どもを虐待してしまったというんです。

堂珍　そんな不幸なことが……。

37 **『虐待 ―沈黙を破った母親たち―』** 岩波現代文庫（岩波書店）　共同通信の記者が、虐待をした4人の母親からじっくりと話を聴き、虐待に至る本当の原因を探り、問題の本質に鋭く迫ったルポルタージュ。

佐々木　インタビューの中で、その女性は「私は母から愛された記憶がないんです」と言っているんです。「だから、自分の子どもが生まれても愛し方がわからないんです。自分はいつも親に対して気遣いばかりして大きくなってきた。小さいときから、どのように振る舞うと母は喜ぶか、どのように振る舞うと親は悲しんだり怒ったりするということがわかってしまったんです。母が悲しんだり怒ったりしている姿を見るのはとても苦しかったので、母を悲しませないように、怒らせないようにして育ってきました」と。

堂珍　自分のために生きてきたわけじゃなかった、と。

佐々木　そう、自分のためじゃない。母のためだったんですね。そしてきっと能力が高い人だったんでしょう。だからお稽古事もよくしたし、学校の勉強もよくできた。そして、母が期待するような学校にも入った。受験勉強やお稽古事などのときには、いつもお母さんが車で送り迎えをしてくれて、ご近所にはエリートのご家庭に見えたでしょう。

親を喜ばせること、親の期待を裏切らないことばかり、努力をしてきていたんですね。親に愛されたっていう記憶、経験が全くといっていいぐらいないんです。だから、自分の子どもが生まれたときに、自分の子どもの愛し方が全くわからず、結果として虐待してしまった。

堂珍　思いどおりにいかなくて……。

佐々木　これはやや極端な例ではあります。しかし、そういう傾向が今の日本にはあると思います。その家だけじゃなくてね。

堂珍　虐待に走らなかったとすれば、愛し方として、習い事や勉強を自分がされたのと同じように、繰り返し子どもにさせたのかもしれませんね。

佐々木　ええ、そうしてしまうでしょうね。自分が満足する子どもにしようとするだけで、その子が満足するような親になろうという努力ができないんですよね。そういうことができない親が増えてきたと思いますよ。

堂珍　一方通行の愛情しかかけられない。

佐々木　日本はそういう文化にどんどんなってきているということなんで

す。それをどこでどう変えたらいいかと思いますね。

堂珍　幼児教育関連の塾だったり、お稽古事や習い事の種類がどんどん増えて、みんな何かしらやっていますね。

佐々木　親はほかの子に遅れをとることの不安を感じるのでしょう。そういうことをどうにかしなければならないと思うんです。それをしっかり先頭を切ってやってくれる、政治や行政の能力の高い人が、本当は欲しいですね。

子どもが習い事を「やめたい」と言ったとき

堂珍　実は私も子どもに習い事〔38〕をさせています。私たち親世代もすでに子どものころ、いろいろ習い事をしていた世代ですので、みんな積極的で。

でも、子どもが「やりたい」って言って始めたはずの習い事なのに、あ

38 習い事
2011年に発表された人気の習い事ベスト5は、1位スイミング、2位音楽、3位体操、4位英語、5位サッカー（ヤマハが1〜6歳の子どもを持つ母親に調査）。

る程度やると「やめたい」って言うこともあるんですよね。そういうとき、親は子どもの言葉をどう見極めるべきなんでしょうか?

佐々木　堂珍さんは、どんなふうに考えていますか?

堂珍　私も子どもの頃に、いっぱいやりたいことがあったんです。やりたいな、って思うことができるとすぐ、母に「あれをやりたい、これを習いたい」って言っていたんです。母は必ず私に習わせてくれましたね。それで自分である程度見極めをつけて、「ここまでやったらもういい」って思ったらやめていました。

佐々木　自分で決めていた、と。

堂珍　はい。私は覚えていないんですが、母がいまだに後悔しているって言うことがあるんです。

私が「シンクロナイズド・スイミングを習いたい」って言ったことがあったらしいんです。でも、シンクロを習うことができるプールは大阪にしかなくて。ちょうど、双子の弟が生まれる年で、母は私をそこに毎週連れ

ていくのは無理だったそうです。確かにオリンピックを見ていて「やりたい！」って言ったような気はするんです。本当はそんなに本気じゃなかったんですけど（笑い）。

佐々木　子どもが「やりたい」って言ったら、何でもやらせてあげた方がいいですね。子どもが自分で自分の道を探していくためには、いろんなことをしていくことが必要だからです。ただ、やりたいということを全てやらせていたら、お金がたくさんかかって困るでしょうから、もちろん家計と相談しながらということになるでしょうけれどもね。

堂珍　私自身がいろいろさせてもらったので、自分の子どもにもいろんな習い事をやらせてあげたいと思ってはいるんです。でも、子どもが「やめたい」って言ったとき、そこで本当にやめさせてしまったら、「必要な忍耐力がつかないんじゃないか」とか、「やめて本当に大丈夫なのかな」ってことも心配になってしまって……。

佐々木　それは、大丈夫だと思います。いろんなことをやってみて、「あ

れは続かなかった」「これは楽しくなかった」「こういうことならできるらしい」っていうように、自分で自分を確認していくことができるのですから。健全で正常な姿です。やめたいというならやめてもいいと思います。

堂珍　例えば子どもが「スイミングをやりたい」って言うから毎週通わせたのに、「やっぱり嫌だ、行きたくない」となったら、「いいわよ、それじゃあ、やめましょう」っていうのがいいと？

佐々木　私はそれがいいと思いますよ。

堂珍　親からすると、「せめて1年間はやってからにしなさい」とか「自分でやりたいって言ったんでしょう?」なんてついつい言いたくなります。でもそういうことは言わなくてもいい、ということでしょうか?

佐々木　むしろ「自分に向いてないものが早くわかってよかったね」と思ってあげればいい。

堂珍　実は今日これから長男の体操教室があるんです。そこは、結構スパルタで、それぞれの子に課題があって、うちの子は二重跳びを連続で10回

しないと帰らせてもらえないんです。先週「がんばってやって偉かったね」ってほめてあげたんですが、「もう来週から行きたくない」って言われてしまって……。ここでやめさせてしまっていいのかな、続けることでよくなったり、我慢して努力することが成果につながるっていうことを覚えてほしいな、と思って、ずっと悩んでいたんです。

佐々木　それは事と次第によって違うかもしれませんが、本人がやめたいというのであれば、新たに本当に向いていることを見つければいいと思います。

そういうふうに、やらせたり、やめさせたりしてあげているうちに、いろんなトライをしてみることで、子どもは「自分には本当にこれが向いている」というようなことを選び取っていくようになると、私ははっきり思いますよ。

堂珍　無理して連れていかなくてもいいと？　運動は向いてなかったかもしれないけど、違うことで、努力してできるようになることもあるってい

うことを、子どもが覚えてくれたらいいということですか？

佐々木　ええ。その子なりに努力して成果が上がっていくということがあれば、それは喜びになっていくでしょう。財力とか本人と親の気力とか、いろんなことが許す範囲内で投資してやればいいと思います。習い事が長く続いたから投資した価値があったとか、早くやめたから投資の価値がなかったというように思うのは間違いだと思います。

堂珍　逆に親が「何か習いたくない？」って聞いても「別に。何も習いたくない」なんていう子どももいると思いますが。

佐々木　今はまだ、そのタイミングではないだけかもしれないですね。基本的には黙っててあげていいと思います。例えば運動をやらせようとしても「本を読んでいればいい」っていうお子さん。「本を読んでいればいい」っていうのだって立派なものです。漫画が好きならそれでもいい。何かもっと好きなものが見つかって、自分でやりたいって言い出すまで、待ってあげていいんですよ。

堂珍　子どもは一度「やめたい」って言っても、また「やっぱりやりたい」なんて言い出すかもしれないですよね。

佐々木　またやりたいって言えば、いつでも再開できるような心づもりをしておいて「いいよ」って、また再開してあげればいいんです。

堂珍　例えばスポーツだと、選手になって試合に出られる子と、出られない子がいます。なかなか試合に出られないと、練習もしたりしなかったりだし、そのうちにあまり行きたくなくなってしまう子もいると思うんですが……。

佐々木　自信が出てくればきちんと練習をやるようになるし、自信がなければやらないだろうし。やらなくていいのかもしれないですし。「練習に行きたくなったらまたいつでも行けばいいよ」って、親はそれだけを言ってあげればいいんです。あまり無理やり、「がんばれ！」とプッシュし過ぎないでね。今は、親の方がすごく夢中になってしまっている場合もあるんですね。

Jリーガーにさせたいと、子どもを小さいうちからずっとサッカー教室に行かせている、なんていうことも聞きます。もちろん小さいうちからやっていますから子どもも上手になりますが、それでも本当にJリーガーになれるかどうかなんてわかりません。子どもには負担でしょう。そんな不幸なことはありません。本人がなりたいから、やれるまでやってみたいというなら、親は「それはがんばってごらん」って応援してやればいいですけど。本人が言う前に親が言うなんて……こんな一方的にひどいことはありません。

堂珍　子どもは、親の期待もわかりますから、逆らえないでしょうし。やめたくても言い出せないかも。

佐々木　つらいですよ、その状態は。子どもがやめたいと思ったときには、やめたいって言い出せるのがいいんですよ。そして、やめたいと思い続けていて、成果が上がるとは思いません。

堂珍　私自身はあらゆる習い事をさせてもらって、ときには3カ月ぐらい

でやめたりしたものもあったんです。でもいざ親になってみると、やめさせたのはなんて忍耐力がいることだったのかって思いますね。子どもが「やめたい」、って言ったときに、「いいよ」って言ってやめさせるのって本当に勇気が要りますよね。

佐々木　でも、次にまた何かいつか見つかるでしょう。大きくなるまでに、きっと何か見つけますよ。大丈夫です。

人を幸せにするための勉強

堂珍　子どもを預ける保育園でも、いわゆる普通の保育園ではなく、早期教育や習い事をやっているところが人気だと聞いています。ビルの一室の保育園ではなくて、お庭があってすごくいい保育園でも、お稽古事などができなければ不安だ、と。親自身も、何を見るかが変わってきているのかもしれません。

佐々木　それが不幸だと思わず、そういう親が出てきてしまっているのが日本の現実なんですね。その延長線上に引きこもりもあるし、虐待もある。そのことを私たちは、今こそ認識しなければならないはずなんですが。

堂珍　ほかの先進国、例えば北欧などは教育の国というふうによく言われていますけど、日本の教育は違うんでしょうか？

佐々木　日本では、子どもを本来あるべき姿に育てていくんじゃなくて、大人の価値観でゴールを決めて、そこに子どもを持っていくみたいなやり方をする教育の風潮があります。でもそういうやり方では結局、子どもの学力を本当の意味で伸ばすことはできないんです。ＯＥＣＤの調査［39］で、フィンランドは常に学力がトップクラスなのですが、フィンランドでは競争なんて全然させていません。他人との比較で成績を出すのではなくて、その子自身がどれくらい一生懸命やったかっていうことだけで評価されるんだそうです。だから親は「この子はこんなに一生懸命やりました」ということだけ分かる。算数はこのレベルまで行きましたなんていうこと

39　ＯＥＣＤの調査
経済協力開発機構ＯＥＣＤの加盟国が、ＰＩＳＡ（ピサ）と呼ばれる国際的な学習到達度調査を3年ごとに行っている。2009年の日本の学力は、読解力で8位、数学的リテラシーは9位、科学的リテラシーは5位。

や、ほかの子どもと比べてどうであるかは全然わからない。だけど、わが子としては一生懸命がんばったんだっていうことが親に伝われば、それだけで十分じゃないかというのがフィンランドの考え方なんですよ。

堂珍 日本では、子どもにお金をかけて、いい大学、いい会社に就職させようっていう親が多いですね。かけるお金が高ければ高いほど、いい教育だって思われてる方も多いですし……。

佐々木 何か特別な能力を身につけることで、幸福な人生になるかのように思われがちですが、人と豊かに交わりながら生きることができる力を持つことの方が、人間にとってはずっと幸福〔40〕なんですね。

多くの事例を見てきて、身に染みて思っていることですが、引きこもりの若者には勉強のできた子どもも多いんです。子ども時代にね。

堂珍 子ども時代は、親にとってはすごく満足のいくいい子だったっていうことなんですね。私は、自分の子どもには、「勉強は自分のためじゃなくて、将来、人のためになるように勉強しなさい」っていうことを常々言

40 幸福
2011年OECDは、国民総生産だけでは測定できない「幸福度」に関する報告書を公表。日本は、寿命や治安に関する項目では順位が高かったものの、多くの項目で中位。生活への満足度など、主観的指標も含むと、34カ国中19位。

っています。その知識が何かに生かされたり、誰かの役に立ったり、世界中で困っている人を助けるための力になることがある。勉強は自分のためじゃなくって、将来人のためにやるんだよ、だから勉強って楽しいんだよっていうのを教えたくて。

佐々木 人間の幸福って、単純なことですが、人を幸福にしながら生きることなんですよね。幸福な人はみんなそうです。人をいろんな程度に幸福にしながら生きてる人が、幸福なんです。

前にも申し上げましたが、私の場合、今、一番大切に思うのは妻を幸福にすること。そのことが私の幸福なわけです。だから、妻がうれしそうにしているのを見ることが私の喜びなんですね。もちろん、ほかにもいろんな人に対しての幸せがありますよ。でもとにかく誰かを幸福にしながら生きなければ、自分も幸福に生きられない。その本質はとても重要なことです。そして、最も身近な人を最も幸福にしたいというのがごく自然な感情で、正常なことだろうと思っているんです。

日本人は、そういうことを口にすることをためらいがちですが、こういうことこそ、もっとみんなが大切にし合いたいものだと思います。子どもにも、「自分が幸福になるということは友達を幸福にすることだよ」とか、「大きくなったときに、いろんな人を幸福にしながら生きることだよ」っていうことを伝えたい。そして、「人を幸福にするためにどんな勉強をするか、どんな力を身に付けるか」なんだよ、と。そういうことを、折に触れてそっと心に染み込むように子どもに伝えていくことは、子どもを育てるうえで重要なことですね。人を幸福にしないで自分が幸福だなんていう人はいませんからね。

堂珍　「人を幸福にする」って大切な見方ですね。自分のためだけに勉強をやってきたら、いくらよい成績をとっても「幸せ」にはなれない。その結果、引きこもりになってしまっては……。

佐々木　お子さんが引きこもって悩んでいる親御さんがよくおっしゃるのは「あの子はよく勉強ができたのに」っていうようなことです。でも私は

「勉強しかできなかったからダメだったんでしょう」って伝えるんです。「勉強しかできなかった」という状態は、子どもにとっては一番不幸なんですよ。

堂珍　でも、母親としては、勉強はやっぱり評価されやすいし、すぐ目に見えるところだから、そこに重点を置く気持ちもよくわかる気はするんですよね。

佐々木　秋葉原事件の青年だって、勉強はできたそうですよ。小学校、中学校、よくできたらしいですね。学校で1、2を争うほどね。勉強ができるようにするために、お母さんがどれくらい厳しくわが子に立ち向かったかっていうことです。勉強しかできない、という状態が、極端な例ではあいうことになってしまう。

堂珍　何のために勉強をしてきたのか……。

佐々木　お母さんとすれば、それがこの子の幸福につながると思ったんでしょうね。でも、人間の幸福というのは、自分を幸福にする生き方では幸

福になれないんですよ。

堂珍　それに気付かないお母さんたちも多いと思います。

佐々木　こういうことを伝えていくのも、我々のような臨床医の仕事です。「臨床」というのは、英語では「bedside」。ベッドに臨むという意味です。だから、目の前のひとりの人の今の問題に心を尽くすということが「臨床」なんですね。広い視野で、社会に対してどうこうしていこうと考える役目を担っている職業ではないんです。だけど、四十数年、目の前にいる人のことを「臨床」でずっとやってきても、目の前にいる人のいろんな問題が解決できなくなってしまいました。その背景には、大きな社会問題が横たわっているんだということを、だんだん強く実感してきたんですね。それが家庭にも影響している気がします。

自分に残された時間はそんなに多くありませんが、こういった問題に対して漠然と表面的に気が付いているのではなくて、しっかり心の底から理解して社会的に貢献してくださる人が出てきてほしいと強く思いますね。

教育の分野でも、政治の分野でも。世の中の子どもたちがこんなに大変な状態になっているというのに、まだ反対の方向に行くという、違う努力をしている人たちがいっぱいいますからね。学習塾にしろ、学校の教育にしろ、何にしろね。それに踊らされてしまう不幸な親もいますしね。

親が子どもを「待つ」ことの大切さ

堂珍　「引きこもり」のような問題は、まだ幼い子どもを育てているお母さんには遠い話のようにも思いますが、やはり心配があります。今、幼い時期にちゃんとした幼児期を過ごしていれば、問題ないんですか。

佐々木　絶対、大丈夫です。青年期になってからでも方法はあります。親は「いたいだけうちにいなさい」って言ってあげる方がいいんです。お母さんや家族との関係に、心の底から安心することです。その方が早くまた再出発していくんです。

人生はマラソンですからね。その人の体質、素質によっても違う。同じようなペースでずっと42・195キロ走る人もいれば、ちょっとここで水を飲んで休息してまた走り続けてという人もいます。人生の歩み方にもいろんな人がいるんです。

子どもたちにとって、休むべきときには休むことの大切さをわかってあげた方がいいです。待ってあげることがいいんです。子どもにしろ、草花にしろ、農作物にしろ、育てるのが上手な人は「待つ」ことが上手な人です。待つことが上手な人は何でも育てるのが上手です。

堂珍　わかっていても、なかなか難しいですね。

佐々木　育てるのが下手な人というのは「早く、早く」って言い過ぎる人です。

堂珍　つい言ってしまいます。100人母親がいたら100人が毎日そう言っているかもしれません（笑い）。

佐々木　何でも早くしなさい、言う親が多いですが、それは言う必要はあ

りません。「ゆっくりでいいんですよ」って言ってあげるのが一番いい。本当の意味でしっかり熟していきます。

堂珍　大人の時間に子どもを合わせちゃいけないって思うから、私も、つい「早く寝なさい」[41]と言ってしまうんです（苦笑）。

佐々木　私がそういう思いを持つのは、たくさんの子どもや青年を診るなかで教えられてきたからです。

子どもたちが小学校の終わりから中学生になったときに、こんなふうに言っておいてやるといいです。「今後あなたたちがどこでどうなるとしても、3年以内の回り道はしていいよ。休むこともいいし、回り道することもいい。3年以内だったら何にも言わないで見ててあげるから心配いらないよ」とね。

堂珍　3年ですか……、親にしてみれば長いように思います。

佐々木　いや、3年です。もし4年、5年になったら、「もうそろそろしっかりしなくちゃ」なんて、子どもに言うかもしれない。でも3年以内だ

41　早く寝なさい
夜10時以降に寝る子どもの割合は、この20年間で2～4倍に増加している（「早寝早起き朝ごはん」全国協議会より）。「早起き」「しっかり朝食」「運動」という生活リズムを習慣にすることで、夜はもう起きていられないという状態に持っていくことも可能。

ったらどんなに回り道を、あるいは休息をしてもいいと思うんです。私自身、「3年以内だったら何していても自由だから、心配しなくていいよ」とどの子どもにも言いました。

堂珍　不登校［42］などの場合、それはダメな例ではないんですか？

佐々木　ダメな例ではないです。仮に不登校や引きこもりになった子どもでも、3年は待つよと。それは3年経ったらもう出ていかせる、ということではありません。あなたが安心していられる場所はここだけなんだから、ここでゆっくりしていいんだよって、言ってあげる方がいいんです。引きこもっていることや不登校でいることを積極的に希望している子なんて絶対にいません。早く何とかしたいと思っているんですよ、本人は。

堂珍　出たくて、悶々としているんですね。

佐々木　それをこっちが「早く」って言うから本人は余計追い詰められていくんです。「心配しなくていいよ。安心していられるのもここだけだよ」って言ってあげる方が早く再出発していきます。再出発をする子の方が、

42　不登校
何らかの要因により、学校に登校しない、あるいはしたくてもできない状況をいう。小・中学校で30日以上欠席している児童生徒数は、約11万5000人。高等学校では約5万3000人（2010年度　文部科学省調査による）。

心に新たなエネルギーを蓄えていきますからね。

堂珍　確かにそうかも知れません。私の双子の弟も、片方がとても悩んだ半年間があったんですが、その半年間、ゆっくり休むことで、その後、本当に自分のやりたいことを明確に見つけ出しました。弟は人を助けたいから看護師になりたいと言い出して、看護学校を探して、自分の人生をその後からしっかり考えられるようになっていましたね。

佐々木　休むことで、心を再構築していくんです。子どもは、自分に必要だから休んでいるんですね。家の中で家族と平気で顔を合わせられるような居場所をつくってあげるといい。学校に行かないということを負い目に思わなくていいんだよ、ここがあなたの家なんだからって思えるように。周囲の家族が「それでいいんだよ」と、本気でその子に思わせるように振舞ってやれば、生き生き伸び伸びと家族と顔を合わせることができるし、家族に対して本気で語ろうとし始めます。そして、そこでゆっくり再出発への必要な心の蓄えをしたら、子どもはやがて飛び出していきます。ずる

ずるとエネルギーを消耗しながら何となく生きているより、一度エネルギーを入れ直して再出発をすることの方がいい。そのための「3年以内の回り道」なんです。

わが家では長男が最初、音楽を志していました。演奏家になりたかったんですね。しかし、習っていた先生がとてもいい方で、「演奏家としては、君は大成できないと思う」と言ってくださった。「音楽理論の学者にはなれるだろうが、人前に出る演奏家は無理だ」と言われ、1年浪人して、自分から「物理が好きだから」と音楽学者の道とは全く違う世界に替わっていったんです。そのときに1年、足踏みというか休息というか、スイッチを入れ替えるのに時間を使いましたが、その後は迷わず自分の道に向かって進んでいきました。それはそれで私はいいことだったと思っています。

堂珍　すごくいいお話ですね。私も含め、まだ子どもを育て始めたばかりのお母さんたちって、自分が歩んできた道以外には、考えたり比較するものがないのかもしれないんです。

佐々木　私はいろんな人を見てきて、どういうことが挫折になるか、どういうことが一時休息になって強いエネルギーを持って再出発していけるかなど、いろんなものを見て教えられていますからね。必要なことは、誰でも疲れたら休むこと。それはとても重要なことです。

堂珍　確かに、子育てについての「成功例」みたいなものは、比較的たくさん出ていますが、負の情報は出にくいようにも思います。たまに出る負の情報から逆に「こんなふうになったら怖い」と、不安とか恐怖心だけを植え付けられてしまって、それを自分の子育てに生かそうというふうに考えられないお母さんって多いと思うんです。

佐々木　そういう人も多いと思います。悩んでいる親にも安心して待っている時間を与えてあげるような寄り添い方ができる、カウンセリング［43］などの専門家に恵まれることも必要ですね。親に対しても「それでいいんだ」「それがいいんだ」「それが必要なんだ」と寄り添ってあげられるような専門家です。

43 カウンセリング
依頼者の人間関係の悩みや相談に対して、専門家が心理的な資料や経験に基づいて、寄り添いつつ援助すること。心理カウンセリングの多くは、相談者の話をよく聴くことから始まる。

堂珍　先生ご自身は、悩んでいるお母さんが相談に来られたときには、どんな気持ちの寄り添い方を心がけていらっしゃるんでしょうか。

佐々木　子どもの成長や発達などには個人差があって、かなり早いスピードでずっと育っていく子もいれば、ずっとゆっくりいく子や、休みながらまたスピードを出してまた休んでというのを繰り返すような子もいます。子どもにはいろんなタイプがあって、自分のお子さんがそのどれに当たるかは、個人差があるから仕方がないことなんですよ、と心から本気で思わせてあげることだと思うんです。それを意識していますね。

佐々木先生の子育てQ&A 5

もうすぐ2歳になる息子は、今、イヤイヤ期真っ最中です。何をしても「イヤ!」「やだ!」。できないのに「自分で!」とこだわります。そばにいる私は、なるべく子どもの目を見て、手を握って怒るようにしようと心がけてはいるのですが、ついイライラして声を荒らげて怒ったり、ときには気持ちを抑えきれず、パチン!と手や頭をたたいてしまうことも……。そんなときは、息子が寝てから反省し、思わず泣いてしまいます。息子にイライラしないためにはどうすればいいのでしょうか?

子どもが自立していくための原動力は「依存」と「反抗」です。このふたつがきちんとできなかったり、足りていなかったりすると、しっかり自立できない大人になってしまうことがあります。「依存」というのは「甘え」でもあります。甘えられることができればできるほど「反抗」は少なくなりますが、「反抗」が全くなくなることはありません。むしろ、依存と反抗はどちらもしっかりあった方がいいものなのです。

私はこれまで薬物やアルコール、ギャンブルやショッピングなどの「依存症」、いわゆる

「中毒」と呼ばれる患者さんをよく診てきました。そういった患者さんの生育歴を細かく聞いていくと、幼いころの依存体験、そして反抗体験も極めて少ない人が多かったんです。依存と反抗をしっかり繰り返してこなかったがために、大人になっても自立できない。さらには自立できない上に、いわゆる何かの「依存症」になっていくことがあるのです。

依存や反抗をしっかり繰り返していないと、ある程度成長して思春期、青年期になってから反抗するようになることがあります。一人では怖いからと、グループになって社会に反抗することもあります。なかには犯罪や引きこもりといった形で個人で反抗するようになる人もいます。

2歳くらいの子どもの「イヤイヤ」は、そういった人間の自立に必要な、最初の依存と反抗なんですね。「ママのばか！　大嫌い！」なんて言っていても、実はママが大好きで甘えているだけ。それはとても健全な姿なんですね。お母さんたちはそれを正面から捉えて怒ったりする必要はないんですよ。「今のうちにもっと反抗してね。どんどんやっていいよ」という気持ちで受け止めてください。

もちろん、何でも「イヤ！」と言われたり、泣き叫ばれたりしたときにはつらいと感じることもあるでしょう。そんなときはただギュッと抱き締めてあげてください。子どもが暴れることができないくらい抱き締めて。それが一番いい方法なんです。

佐々木先生の子育てQ&A 6

私には複数の子どもがいます。きょうだいを育てている親の中には、子どもが年子だったり、あるいは上の子と下の子の年齢が離れていたり、男女のきょうだいのこともあると思います。きょうだいを育てるときに、それぞれにどのように対応すればいいのでしょうか？　また、自分の子どもでも複数いれば、「相性」のようなものがあると思うのですが、相性が悪いと思う子どもへの対応も、いい方法があれば教えてください。

例えば、果物をあげるとき、弟は1個だけど、お兄ちゃんには1個多くする、なんていうことがあるかもしれませんね。きょうだいは全て「平等」でなければならないと考える親もいるかもしれませんが、そうともいえません。年齢が違えば体の大きさだって違いますから、食べ物の量が違うことなどは不平等ではなく、自然なことだと思いますよ。

私自身には3人の男の子がいます。長男と次男は1歳4カ月しか違わないので、年子のようなところがあります。三男は3歳以上離れています。でもきょうだいをどのように育てる

かはあまり意識しなかったように思います。わが家では、子どもにきょうだいの「上下」を意識させないようあえて名前で呼んで「お兄ちゃん」というような呼び方を避けてきました。

きょうだいげんかはよくしていましたね。けれど、妻がよく言っていましたが、きょうだいげんかは「スポーツ」と同じだと思うんです。きょうだい同士で真剣に闘って、負けたら悔しいと思うから、またすぐにけんかするわけですね。だからあんまりけんかするときには、親が「ゲームセット」を宣告すればいい。ラグビーの「ノーサイド」なんてよい言葉ですよね。どちらが善い悪いはなくて、とにかく終わり。それでいいと思うんです。

年が近いと、下の子がおっぱいを飲んでいるのを見て、うらやましがったりすることもあります。ふだんから名前で呼んでいましたから、おっぱいも、「こっちは○○のおっぱい、こっちは△△のおっぱい」というように言うと、上の子は「僕はもうおっぱいなんかいらないよ！」とお兄ちゃんぶっていたようです。

双子のお子さんの場合は、普通のきょうだいとは違い、双子ならではの方法で協力したり、反発したりすることがあるようです。せっかく双子で生まれたんだから、ほかのきょうだいとは違う在り方でいてもいいと思いますね。

親から見て、子どもそれぞれとの「相性」というのは、あまりないんじゃないかと思います。きょうだい同士にはあるかもしれませんが。子どもが自分の言うことを聞かないからといって「相性が悪い」と考える必要はないと思いますよ。

第4章 母親の生き方、あるいは姿勢

子どもを預けて働くという選択

堂珍　最近では、働くお母さん［44］が増えてきました。私もそのひとりですが、社会の中で働きながら子育てをしています。

佐々木　時代の流れもありますし、子どもを預けて働くことは決して悪いことではありません。

堂珍　注意したいこともあるのでしょうか？

佐々木　それは、やはりありますね。

44　働くお母さん
女性は結婚出産を機に仕事を辞めることが多かったが、子どもを出産しても仕事を続けたり、再就職している人が増えている。

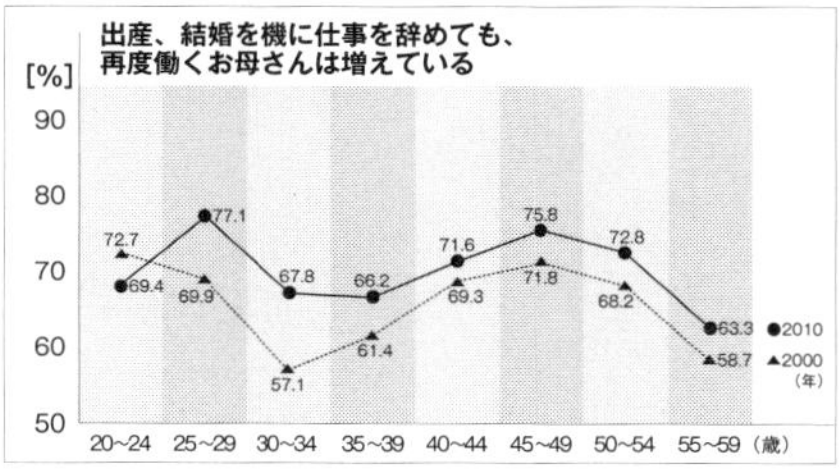

◉総務省統計局「労働力調査」より

堂珍　例えばどんなことでしょうか？

佐々木　とにかく「乳幼児の時期を粗末にしない」ことを心がけるということです。

堂珍　それは、心の粗末さを避ける、子どもの心を粗末に扱わない、ということでしょうか。

佐々木　そうだと思います。私はもう40年近くかけて、全国各地の保育園の保育士さんとの勉強会を重ねてきました。そこで、働くお母さんたちのお子さんを見てきています。その経験から、保育園に子どもを預けて仕事をするから子どもが育たないなどということはないと、確信していました。

ところが最近、必ずしもそうではないんだということを、だんだん教えられるようになってきたんです。これは本当に経験的に実感して教えられてきたことですから、お話ししておいていいんじゃないかと思っているのですが。

堂珍　必ずしもよいことばかりではない、ということでしょうか？

佐々木　かつては、保育園に子どもを預けるからといって、子どもが自立しにくいというようなことはないと、はっきり思っていた時代があったんです。その頃私はよく言っていました。「お母さんは、わが子と毎日長時間接しなければいけないわけではないので、子どもと接してる時間を上手に使って大切に接してください。それで十分だと思います」と。

ところが、このごろは必ずしもそうとは言えない時代になってきたように思えるんです。一日のうちで子どもと接している短い時間を粗末にするお母さんが出てきているんですね。預け癖というか、楽をし過ぎるお母さんというか。

堂珍　子どもと離れるため、楽をするために保育園に長い時間預けている人も増えているということでしょうか？

佐々木　そういえるかもしれません。

昔は仕事が終わると走ってでも子どもを引き取りに来られたんですよ。わが子を保育園で待たせてると思うからです。それが、最近、すぐに引き

取りに来ない親がだんだん増えているというんです。ほかのお母さんが「○○ちゃんのママ、帰りに駅で会いましたよ」なんて言うので、保育士さんがそこのお宅に電話すると、ちゃんと家にいるという。「お母さん、○○ちゃんが待ってますから早く迎えに来てあげてください」と伝えると、とても怖い返事が返ってくるんです。「ほっとひと息ついて休みたいんですから、余計なこと言わないでください」と。仕事から帰ってきて、すぐにわが子に会いたいという衝動というか、気持ちが湧かないお母さんがだんだん増えてきたんです。

堂珍　最近は保育園も「サービス重視」の企業の園［45］が増えて、お母さんのために、早く帰ってこなくても大丈夫ですよ、なんて言ってくれるんでしょうか。

佐々木　このことはとても重要な問題を含んでいます。そういう扱いを受けた子どもが、10年先、20年先、どんなふうになっていくのか。子どもは離れているお母さんに早く会いたい。でもお母さんはそうじゃない。お母

45　企業の園
近年、待機児童が増えたこともあり、規制緩和で民間企業の経営による保育園が増えている。園によっては非正規の職員が多かったり、長時間の保育を実施しているなど、最底の基準とは異なる園も。倒産した例も増えており、保育の質について議論がされている。

さんとしっかり向き合えないことで、子どもは社会的な人間関係を築くことが下手になっていきます。まず、お母さんと気持ちが響き合わないから、ほかの人と響き合えないわけですね。そうすると、非社会的になるか、不幸な場合には、反社会的になっていく可能性が決して小さくない。それを長い間の臨床で、否応なく教えられていますからね。非社会的というのは引きこもる方向。反社会的というのは非行や犯罪の方向。幼いときにお母さんと心が通い合わなければ、10年先、20年先、30年先はどうなるのかと。

堂珍　保育園のお迎えひとつに、そんな意味があると考えているお母さんは少ないかもしれませんね。

佐々木　かつてはそんな保護者は保育園にお呼びして、お話し合いをするようなこともあったんですね。だけど今は、そういうことをひどく嫌がる保護者が増えてきてしまって、なかなか話すことができない。保育士さんは子どもの将来を具体的に心配していながら、みすみす手をこまねいているしかないという、悲しい時代に入ってきてしまったんです。これはもう

日本人の質の低下とはっきりいってもいいと思うんですけどね。

堂珍　お母さんが子どもを虐待［46］する事件も増えています。でも逆にいえば、母親が一番身近にいる存在だということもありますよね。母親もとっても苦しいと思うんです。孤立していたり、貧困だったり。もちろん幼児期は非常に大切だということは頭でわかっていても、具体的なお世話や、社会的なルールを教えるしつけなど、やることがたくさんあり過ぎて母親には荷が重いこともあるんじゃないでしょうか。

社会のいろんなひずみを、結局は母親が一人で背負っている、その気持ちがわかるから、かばいたくなる気持ちもあるんですが……。

佐々木　社会的にはそういう要素は当然あるでしょうね。

その問題を打開するためにも、前にもお話したようにお母さんはできるだけいろんな人と交わるのがいいですよ。さっきのお迎えに来ないお母さんの場合なら、そのお母さんが望んでいることを周囲がどのような方向でサポートしてくのがよいかということも考える必要がありますね。ただ、

46　虐待
2010年度の児童虐待に関する通報を受けて児童相談所が面接などの対応をした事例件数は5万5000件以上。（厚労省報告より）

育児代行するのではなくてね。子どもを預けて働くお母さんに、いい意味で寄り添いながら、育児をサポートする、預かるという気持ちを保育士さんが持ってくれるといいと思うんです。

堂珍　なるほど。働くお母さんの子どものことを考えずに、ただ求められるままに預かってくれる場所ではなくて、きちんと子どもの育ちのことを考えてくれる。さらに母親の気持ちにも寄り添ってくれるような保育園なら、働いている間、子どもを安心して預けることができますね。

佐々木　そうです。だから私が、保育園の保育士さんや子育て支援センターの人たちとの勉強会や講演のときに繰り返し言うことのひとつに、お母さんが朝、子どもを預けに行くときや、夕方、子どもをお迎えに行くときに、「あそこの保育園あるいは子育て支援センター［✎47］に行くと、何かほっとするものを感じます」と言われるようになってください、ということをお伝えしています。

保育士さんがやさしいから、職員さんがやさしいから、ほっとするとい

✎47　**子育て支援センター**
行政が運営する地域子育て支援センターや、地域の社会福祉協議会やNPOが運営する子育てひろばなど、育児中の家庭を支援するのが目的の施設が増えている。同じ地域内で、顔見知りができたり、子育ての相談ができたりと和やかな交流があるほか、講習会や読み聞かせなど様々なイベントも催されている。

うふうに。朝晩のほんの短い接触に、ほんのひと声かけるだけだと思うんですよ。でもその短い時間に、そのひと声の中に心を込めて、お母さんがほっとするものを感じてもらえるようにしてほしい、と。

堂珍　そういう短い触れ合いの中に、子どもへの思いやお母さんへの寄り添いの気持ちが出てくるんでしょうね。

佐々木　簡単なようですぐにはできないことです。「このお母さんにこそ、こういう気持ちを届けたい」と職員が思っているようなお母さんには、簡単に気持ちが届かないんですよ。何週間も何カ月もかかるんです。ろくに返事をしないで連れて帰っちゃうとかね。だからこそそういうお母さんを、こっちも不愉快に思って放置したり、突き放すんじゃなくて、そういうお母さんこそ、大げさにいうと追いかけていってもひと言かけてあげるぐらいの気持ちで、毎朝毎夕、毎日毎日、何週間も何カ月も、特に何年だってというような気持ちで、声をかけることが大事なんです。

これを続けているうちに、ほぼ必ずといっていいくらい、お母さんの気

持ちが解けてくるんですよ。解けてくるというのは、「あそこの園に行くと何かほっとします」という気持ちになってくる、ということ。保育士さんがやさしい、親切だということが、だんだん感じ取れる、そういうお母さんの感情をつくっていくということか、あるいは発掘していくというのでしょうか、それぐらいの気持ちを持つことが今日の保育園の役割でしょうというようなことをいつも言っているのです。

「あのお母さんが悪い」とか、「あのお母さんは帰ってきてても子どもをすぐに引き取りに来ない」とか、「なんてお母さんだ」という感情を持って保育していたらいけないんだ。そうとしかできないお母さんの苦しい気持ちを解きほぐしていくために、保育園にも役割があると思いますよ。

堂珍　育児もいっぱいいっぱい、その上仕事も忙しくて毎日くたくたというお母さんは、本当に疲れてしまっていて、頭では子どもにちゃんと接しなければいけないってわかっていても、子どもにやさしくなれなくなっているかもしれません。そういう母親の状態までわかってフォローしてくれ

るような保育園に子どもを預けられたら、母親も幸せです。

佐々木 その時代ごとに、保育園には保育園の役割があるんですね。繰り返しお母さんに声をかけ続けることはとても大切です。

そうすると、お母さんの子どもへ対するある特有の情も湧いてきます。情が湧いてくれれば、その分だけ子どもがお母さんに返していくものも違ってくる。するとそのお母さんには、そういう関係の中から、何年もかけてほかの人とも親しく交われる力ができてくるんですよ。

堂珍 先生の臨床研究は、1年や2年ではなく、30年、40年積み重ねてこそ結果が出るんですね。それもある意味、子育てみたいな感じですね（笑い）。なかなかすぐに成果が出ない。

佐々木 そうですね（笑い）。こっちが学ぶんですよ。一番長いのは東京都狛江市で続けている勉強会ですが、それがもう37年。「初めのころから佐々木先生と一緒にやっていた人は、もうほとんどいません」って言われました。みんな入れ替わってしまわれてね。でも、それはそれでいいと思

っているんです。楽しいですから。

堂珍　働きながら、子どもをちゃんと育てようと思ったら、預ける先も大切なんですね。佐々木先生の勉強会にいらしているような、そうやってきちんといろいろな勉強をしている保育士の先生にお任せできる方はいいですね。

子育てに専念するという気持ち

佐々木　私は、お母さん方には、子育ての中には「母親にしかできないことがある」という自覚を持ってもらうのがいいと思うんです。

堂珍　一人ひとりの母親が、ですか？

佐々木　そうです。これは正直な気持ちではありますが、比較的気を使いながら言っています。母親から「どうしてそういう大変な煩わしいことだけを女性に押し付けるんですか？　先生は男だからそんなことを気楽に言

っているんでしょう」みたいなことを言われることがありますからね。「そうじゃないんだ。私がもし女性に生まれて母親だったらそうすると思いますよ」と言っても、「だって先生は男じゃないですか」と言われることがありますから。でも私はやはりあえて「母親にしかできないこともある」と言いたいんです。

私自身、子どもが小さいときには、母親である妻が育児をしやすいように一生懸命協力してました。はっきり自分でそう思います。それは子どもが好きだからですけどね。

例えば私たちは子どものためを思って、長男が生まれる直前に私の両親を家に呼び、3世代で生活を始めたんです。それは私たちが育児に手抜きをしようとか助けてもらおうとか単純な意味じゃないんです。子どもにとって祖父母の存在は大きいと思ったからだったんですね。

ですから何かのときにはいくらでも祖父母の手を借りられる環境でしたし、祖父母はまた孫をうんとかわいがってくれました。でも、だからとい

って祖父母に頼ることはほとんどなかったんですね。

当時、私たち夫婦はNHK交響楽団の定期会員だったんです。コンサートが好きで、楽しみだったものです。確かN響はあの当時、毎月2回定期演奏会をやっていたと思います。ところが、まだ子どもが小さかった。もちろん祖父母に預けて行けば何てことないと思えば思えるんです。だけど妻はそうしたくないと。だから「定期会員を返上しましょう」と言うんです。私も「それはいいね」って思いました。音楽好きですから、ちょっと残念には思いましたが、子どもが大きくなってから、また会員になり直したっていいんですからね。

子どもたちは祖父母に懐いていましたし、預けてコンサートぐらい行ったっていいんじゃないかと思ったりもしたんですが、会員権を放棄しました。とてもよい席でしたので、「返上します」と申し上げたら「もうこういう出物は二度とないかもしれませんよ」と助言を頂いたりもしたのですが、いずれまた別の席で聴くことになっても、いい音楽はどこで聴いても

いいものですからとお返ししたんです。

堂珍　今なら、おじいちゃま、おばあちゃまに預けられる環境なんて、うらやましい、という感じかもしれません。

佐々木　妻は、子どもが祖父母のところに行って遊んだりなんかしているのは、それは喜んで見ていたんですが、子どもを預けてコンサートに行きたいとは思わなかったようです。お母さんがいなくなっちゃった、と小さいときに感じさせるっていうのが嫌だったんでしょう。

私はこれが絶対正しい、というようには思っていません。しかし実は結婚したときに私は妻にこういうことを言ったらしいんです。私の記憶はおぼろげなのですが、妻の方が鮮明に覚えていていまだに言うんです。

「子どもを産むか産まないかはあなたが決めればいい。だけど仕事をしながら片手間に育児をする、育児をしながら片手間に働く、これはやっぱりよくないと思う。できればどっちかにすればいい。子どもが絶対にいなくちゃいけないとは思わないから、自由に選択していいよ」と。

妻は音大を出ていて、当時、常勤で私立小学校の音楽の教師をしていたんです。とっても楽しいと言って働いていました。でも、辞めました。

堂珍　そうでしたか。

佐々木　あのまま妻が辞めないでずっといたら、今も、おばあさん先生をやっていたかもしれませんね。とても楽しいと言っていたんですけども辞めたんです。妻自身も残念に思い、残念がられました。まじめに働いていたからでしょうね。

これは、働きながら育児なんてできないといっているわけでは絶対ないんですよ。働くことはいいですし、子どもを祖父母に預けても、保育園に預けてもいいんです。私も妻がもし、やっぱり働きながら育児をしたい、どうしてもそれをしたいんだと強く訴えたら、妻の望みですから、「じゃあそうしよう、協力し合おう」と言ったと思うんです。祖父母も家にいましたしね。でも妻は母親でいることの方を選びました。仕事を辞めなくてもいいんですが、働きながらでもそれぐらい一生懸命な気持ちで育ててほ

しいとは思います、子どもを。

堂珍　専念するのと同じぐらいの気持ちで。

佐々木　そうです、そうです。

堂珍　昔のお母さんたちはみんな仕事を辞めるのが当たり前だったんですね。子育てを選んで。うちの母もそうだったんです、短大で働いていたのを辞めて。

佐々木　妻もそうです、武蔵野音楽大学を出て、青山学院初等部の先生になったんですが。

堂珍　今は不景気だということもあるでしょうし、子どもができたからって仕事を辞める人は少ないかもしれません。

佐々木　確かに、少ないかもしれませんね。

堂珍　でも、母親として気持ち的には、そういうものを持っていないといけないっていうことなんですね。

佐々木　気持ちが大切。昔は農家だったら母親もみんな働いているのが当

たり前でしたからね。でも、子どもを大切にしていたはずです。気持ちの問題です。

先ごろ、早稲田大学で朝日新聞厚生文化事業団が主催する自閉症［48］カンファレンス［49］があったんです。アメリカから大変高名な優れた研究者をふたりお招きして、講演とシンポジウムなどを丸2日にわたってやったんです。そこでもそんなに深刻な話題にしたわけではありませんが、アメリカでは近年、流れとして、「女性よ、家庭に帰れ」という心理的な状況がとても強くなってきた、ということでした。

堂珍　ひと昔前は、アメリカこそお母さんは外に出て行ってというスタイルだったんですよね？

佐々木　はい。働きに出るのが当たり前で、私たちはそれを学び、まねをするようにしてきたんですが、今は違うんです。アメリカでははっきり逆になってきたそうです。もちろん働いている人も多いですし、どっちじゃなくちゃいけないとは単純にはいえないでしょうけど。仕事と同じように

48 自閉症
発達障害のひとつ。静かにする場所で騒いでしまう、他人とのコミュニケーションがとれない、人がどう考えているかが想像できないなどが特徴。さまざまな症状があり、それらをまとめて自閉症スペクトラムと呼んでいる。生まれつきの障害であり、育て方が原因ではない。

49 カンファレンス
医療従事者の症例研究の会議。最新の情報が話し合われるような活発な意見交換の場。

子どもにきちんと接することが自然にできるお母さんなら、うちにいてもらっていいですけど。怖いお母さんだったら、うちにいてくれても子どもはたまらないでしょうね。

堂珍　おそらく、家にいるからこそ虐待が起こったりするお母さんだっていますよね。

佐々木　働く、働かないという単純なことではなく、お母さんが孤立していて育児をするということが最悪だ、ということなんです。祖父母と親しかったり近隣と親しかったり、いろんな関係があればいい。でもそういうことができるお母さんとできないお母さんがいるんです。

堂珍　コミュニケーション下手なお母さんが増えているっていうことなんですか?

佐々木　そうですね。コミュニケーションが下手で人間関係がつくりにくいお母さんの子どもは、保育園に行っても確実に手がかかります。

堂珍　コミュニケーション上手な母親になるためには、外に出る機会をた

くさんつくったりすればいいのでしょうか?。どういうふうに変わっていけばいいのでしょう?

佐々木　外へ出ていくことは、それはそれで重要でしょう。ところが出ていったところで、出ていった先の人々との親しい交わりが、コミュニケーションができてなくちゃいけない。外に行けばコミュニケーションができているんじゃなくて、むしろ嫌な思いやストレスを感じて働いている人もいるわけですよね。そこで同僚とか上司とか職場の人たちと、いわば生き生きと楽しく親しく交われますかっていうこと。このことがとても重要だと思います。

ママがいない「ままごと遊び」

堂珍　昔の母親は、今の時代の母親とはまるっきり違うと思うんですが、子どもが母親に対する気持ちというのも、昔とはかけ離れたものになって

きてしまったんでしょうか。

佐々木　それはあると思うんです。

堂珍　どんなところが違ってしまったのでしょう……？

佐々木　保育園でよく聞くのは、園で子どもたちは「ままごと遊び」[50]が、だんだんできなくなってきたというんです。この十数年ぐらい前からはっきりいわれるようになってきたことでしょうか。特に女の子の間で、お母さんのなり手がいなくなった、というんです。

園長級の定年間際のベテランの保育士さんが若かった時代には、ままごと遊びで女の子は全てお母さんをやりたがったそうです。みんな、奪い合うようにお母さんを希望したので、くじ引きしたりじゃんけんしたり、順番にお母さんをやるようにしたりしていたんですね。そのころは、保育士さんは誰をお母さんにしてやるかで、ちょっと悩んだ時代だったそうです。

それが、今は誰もお母さん役をやってくれない、めったにやらないそうです。もちろん今も「ままごと遊び」はあって、「ままごと遊びしよう」

50 ままごと遊び
子どもが料理や日常の生活のまねをする遊び。葉っぱなどをお皿や料理に見立てる、見立て遊びも子どもの想像力を育てるといわれる。

って言えば「やろう」っていう子はいっぱいいるんだそうです。けれどもお母さんをやるのはみんな嫌だって言う。子どもたちがやりたがるのは、ペット[51]なんだそうです。

堂珍　ああ、子どもたちが「猫ごっこ」をしている、なんていうのを聞きますね。

佐々木　子どもたちは、ままごとではまず、ペット役をやりたがるんです。その次に赤ちゃん役をやりたがる。そうすると、わかるような気がするでしょう？　子どもは「ああいうふうに愛されたい」と思っているのかもしれません。家庭でお母さんが、自分を愛してくれてるよりは犬や猫などのペットの方を、うんと愛しているみたいに見えるんです。いや、見えるっていうか本当にそうかもしれない。

堂珍　なるほど。ペットには何も期待はしないですものね。犬とか猫に「こうあってほしい」なんていう気持ちはないですから、とにかくそのまま、「かわいい、かわいい」って言っていますもんね。

[51] ペット
日本はペット大国とも呼ばれ、2011年度の犬猫飼育数は2200万頭以上にも上る（一般社団法人ペットフード協会調べ）。家族として大切に扱われ、ペットが死亡すると〝ペットロス〟などの深い喪失感に襲われる人も多い一方、飼い主のモラルの低下も問題視されている。

佐々木　そう、「かわいい、かわいい」って言っているでしょう？　そして好き勝手でも許される、かわいい犬や猫を飼うわけです。

堂珍　わが家でも犬を飼っていますが、確かにお漏らししても、犬には怒らないですものね。

佐々木　その上、いつもひざに乗せてもらったり、訓練を受けることもないし、ひどくしつけられることもないでしょう？　だから子どもたちにはペット役が人気なんですね。

では、なぜこうなってきたかということも、また考えなくっちゃいけないと思うんです。私の勉強会に出てくれている知人が、以前手紙をくれました。東京都内で小学校3年生の女の子のグループに、「まだ、ままごと遊びなんてする？」って聞いてみたら「するよ」って言ったそうなんです。「お母さん役は上手にできますか？」って聞いたら「誰もしない」と。「お母さんがいなかったら、ままごと遊びにならないでしょう？」と尋ねると、「おじさん、大丈夫だよ。お母さんが死んじゃったうちの遊びにするから」

って言われたそうなんです。彼はビックリして手紙をくれたんですね。

堂珍　……どこでどう変わったんでしょう。母親の愛情って時代が変わっても変わらないはずじゃないですか。

佐々木　そうでしょう。そう思いますよね。変わらない人もいっぱいいるはずだと思うんですけど、一方ではそうなってもいる。

堂珍　それはやはり現代の社会状況と関係があるのでしょうか？　母親が仕事をしていたり、もちろんそれには、経済的な理由があるでしょうが、育児に100％関われない現状があることで、母子関係が薄れてしまっているんですか？

佐々木　私が常日ごろ何となく感じていたのは、昔と違って家庭と職場の距離がだんだん離れたことで、お母さんの距離も遠くなったんじゃないかということです。昔は近所に勤めたり、農村であれば近所の畑で働いたりとか、自宅と仕事場がとても近かった。ところが今はうんと離れてしまっています。

堂珍　そうですね。

佐々木　物理的な距離が離れると、心理的な距離も次第に離れていくことがあります。前にもお話ししましたが、子どもを預けている保育園に、仕事から帰ってもすぐに子どもをお迎えに来ないお母さんがじわじわ増えてきている、というのも、それに通じる話かもしれませんね。

堂珍　先にごはんを作ってからとか、洗濯物を全部済ませてからとか。

佐々木　かつては、まずともかく子どもを保育園に迎えに来て、そして自分のそばにいさせて、いろいろ家事をしていたはずなんです。ところが、今は「犬の散歩を済ませてから行きます」なんて、平気で言うお母さんもいるそうなんですね。すぐに迎えに来ないところから、だんだん子どもから心が離れていってしまう。いろんな段階の人がいるでしょうが、どんどん変わってきているように見えます。

堂珍　どうすればいいのでしょうか？　働いているお母さんもすごく多い現状があるのですが……。

佐々木　知人から手紙をもらった後、今度は秋田［52］に行ったんですが、そこでもやはり「ままごと遊び」の中で、誰もお母さん役を引き受けない、という話を聞きました。誰もお母さん役を引き受けないので、保育士さんがどうしようか、と見ていたら、ある子が手をあげて「じゃあ、お母さんは病気で入院していることにしよう」と提案があって、みんなが「そうしよう！」っていうことになったんだそうです。つまり、そういう話は東京だけの話ではない、ということなんですね。

堂珍　母親は、そこまでいらない存在になっているんでしょうか？

佐々木　いらない存在ではないと思います。ごはんを作ってくれたりしますしね。だけど子どもが求めるようなお母さんではなくなって……。

堂珍　大変だと思うんでしょうか？

佐々木　そうですね。ひとつは大変だと思うということでしょう。そしてお母さん役が決まらないときは、くじ引きやじゃんけんで、順番にお母さん役をやるそうなんですが、そうすると、たいていのお母さん役になった

52 **秋田**
秋田県は全国学力テストで福井県と共に、常に上位をキープ。その教育や生活などに全国から注目が集まっている。

子どもは、家族に指示や命令ばかりしているそうです。

堂珍　指示や命令ですか……。そうかもしれないですね。家ではお母さんがお父さんに対しても、全部全てのことを決めているかもしれません。仕切るんでしょうかね。

佐々木　指示、命令ばかりされると、家族の役をやっている子たちは、やっぱり楽しくないんでしょうね。昔のままごと遊びのお母さんは、そんなに指示や命令ばかりしなかったと思います。

堂珍　では、同じように家庭でも、昔のお母さんは指示や命令をあまりしていなかったということなんでしょうか。

佐々木　そういうことですね。

堂珍　うーん……。今の子どもたちは、いろいろやらなきゃいけないことがあるんですよね。だから、母親はどうやってそれらを子どもにやらせようかと考える。

佐々木　だから命令するんでしょうね。

堂珍　そうですね。

佐々木　勉強もあるし、お稽古もあるし、あれもこれもある、ということで。昔のお母さんは、放ったらかしということではないんですけども、そんなに指示や命令をしないで、かなり成り行き任せに育てていてよかった部分があったんでしょう。

堂珍　本当はそういうふうにしている方が、子ども自身、成長していくチャンスがたくさんあるっていうことも考えられますよね。

佐々木　情緒という面では特にね。

最近は、おままごとをやっていても、「晩ごはんに何が食べたいの？」と子どもたちに聞くお母さん役はいなくなったそうです。何と何だったら、どっちがいい？ というようなことを聞かない。おやつでもそうです。「シュークリームとクッキーがあるよ、どっちが食べたい？」というように、子どもに何かを聞くお母さん役が少なくなった。

堂珍　家庭でも、子どもに何かを選ばせたりすることが、少なくなったと

いうことなのでしょうか。

佐々木　そう、選ばせたり、聞いたりしない。かつてはそういうお母さん役の子はむしろ多かったそうです。もちろん、「カレーライスが食べたい」とか「スパゲティが食べたい」とか言っても出てくるのは木の葉かなんかなんですけどね（笑い）。でも、そういう雰囲気がなくなってきてしまったっていうのがあるんです。

堂珍　家庭でも同じなのでしょうね。「あなたはこれ食べておけばいいのよ」って、母親から一方的に出されるっていう感じなのかもしれませんね。

佐々木　あるいは、「これを食べなさい」とか。もちろん、母親も忙しいし、さまざまな要因があるのでしょう。けれど、ある意味ではだんだん「わがまま」になってきたんですね。

堂珍　わがまま？　母親自身が、わがままになってきているということでしょうか？

佐々木　そう思うんです。これまでの日本の歩みや、今の在り方から考え

れば、「わがままになった」と思わざるを得ない。

私が今でもよく覚えているのは、1986年、アメリカで自閉症協会の親の会が中心になった全米の大変大きな大会で特別講演をしたときのことです。当時のレーガン大統領のメッセージを携えて来てくださった政府高官の方と、いろんなお話をしたんですね。

コーヒーなどを頂きながら話したんですが、まず最初に言われたのは「日本は豊かなお国になりましたね」ということです。ちょうどバブル経済［53］の直前で、日本が豊かになってきているいい時代でした。「おかげさまでありがとうございます」とお答えすると、「日本は豊かな上に、自由な国ですね」「平和な国ですね」と言われました。

私はそのときまで知らなかったのですが、その方は「アジアで徴兵制度［54］がなくても平和が維持されている国は、日本とマレーシア［55］だけです」と言うんです。私は「日本には防衛庁があって、自衛隊という立派な軍隊を持っていますよ」と言いましたが、確かに徴兵制ではありませ

［53］バブル経済
1980年代後半から1990年代初頭にかけて、起こった好景気。不動産などの資産価格が高騰し、投資も盛んになるが、実態とかけ離れた経済状態は、バブル＝泡のように膨らんで、パチンとはじけた。就職は売り手市場で、高級外国車を購入したり海外旅行をするといった、消費の時代だった。

［54］徴兵制度
韓国、北朝鮮、イスラエル、トルコ、ロシアなど世界20カ国以上で徴兵制がある。ここ数年で志願制に移行した国も多い。日本では第二次世界大戦終戦の1945年以降廃止されている。

［55］マレーシア
2003年より、マハティール元首相の提言で、抽選で選ばれた18歳の男女が、3カ月間国防省の下で共同生活を送っている。国防兵力維持というより、国民の団結を図る目的といわれている。

んよね。

徴兵を必要としない国というのは、世界中でもまれにしかないそうです。もちろんアメリカはそうですが、当時スイスもスウェーデンも、平和で自由な国といわれているところでもみんな徴兵制度があった。アジアでもそうです。私は毎年のように韓国や中国に行って学生に講義するんですが、彼らの頭の中には絶えず「徴兵」の問題があります。いつ兵役を済ませるか、徴兵の通知が来るまで行かないか、自ら志願して少し早く行って徴兵を済ませてから自分のやりたいことに専念するか。あるいはどういう仕事に就くと徴兵は免除されるとか、いろんなことを考えて彼らは活動しているわけです。

堂珍　最近ではよく、韓国の人気スターや歌手の徴兵のことが話題になっていますね。

佐々木　日本の若者には、全くそういう感覚はないでしょう？　自由ですよね。自衛隊に入りたければ、それは自分の意思で入っていけばいいいだけ

です。

そして、そのアメリカの政府高官に「日本は平等ですね。豊かで、自由で、平和で、平等。これらは人類の宝ですよね」と言われました。そのとき、私はこの日本に、恵まれた環境で生きているんだと思いました。

アメリカという国は一生懸命、自由と平等を求めて努力していますが、一方で海外に派兵したり、人種の問題があって、努力はしているけれどもなかなか自由、平等、平和になっていません。

そうしてその方に、「これだけ優れた素晴らしい宝物をみんな手に入れてしまわれたら、その後に日本の皆さんは、何を、どんなことを、目標に生きていかれるのでしょう」って聞かれたんですね。

堂珍 先生はどうお答えに？

佐々木 返事に窮しました。すると「私たちは、豊かで自由で平和で平等な国を高い水準で達成された日本の皆さんが、今後どんなことを目標に、日々どのように生きていかれるのか、やっぱり注目していたいと思います

よ」って言われたんです。その言葉にズキッときました。あれからもう二十数年経ちますが、その言葉がずっと頭から離れないんです。

そして、私たちがあれから何を目標にしながら、どんなふうに生きてきたかということの結果が、今のこんな日本なんです。家族の形態が変わって崩壊している家族も増えているし、親子の関係や夫婦の関係も壊れやすくなってきている。学校でのいじめもひどくなるばかりです。私たちは、豊かさや自由や平等を手に入れてから、どんどん自己中心的、自己愛的というか、わがままになってきたと思うんです。

子どもを産んで、子どもを保育園に預けて仕事に行って、ペットを飼って、子どもから見たらどう見てもペットの方が大切にされているっていうふうに感じられる育児をするような……。

自己愛ですよね、これは。自己愛的なわがままな生き方だろうと思うんですけども。

堂珍　そういったことに歯止めをかけられるのは、きっと母親の力なんじ

ゃないかと思うんです。どういうふうにすればいいのか、どういうふうに母親が変わっていけばいいんですか？

佐々木 「わが子がこんなに愛おしく、かわいい」という感情を持っている日本のお母さんはたくさんいます。でも、それが薄れつつある、あるいは徐々に数が減ってきていることも事実だと思うんですね。どうしたらそういった感情を日本のお母さんがもっともっと取り戻してくれるかが、重要だと思うんです。

結婚しない人が増えている一方で、東日本の大震災［56］の後、結婚相談所が繁盛するようになったという話も聞いています。みんなが孤立して、孤独で、あるいは別の見方からいえば自分勝手な生き方をしていることが、だんだん心配だと感じる人が増えてきたんでしょうね。

そういう意味では、私は今度の大震災というのは日本にとって大きな転換点だと思うんです。大震災では途方もなく大きな代償を払いました。たくさんの方が犠牲になり、家や財産を失った。まだその渦中にいる被災者

56 東日本の大震災
2011年3月11日に東北地方、宮城県沖を震源とする大地震が発生。地震にともなう大津波と、東京電力の福島第一原発の放射能事故によって、多くの人が被災した。

の方々の大変さを考えると、つくづくつらいものがあります。

しかし、私たち日本国民は、こういっていいかどうかわかりませんが、大震災で大きな刺激を受けて、はっと我に返ったという部分もあるんじゃないかと思うんです。援助に行く人も増えましたし、寄付をする人も大勢いました。今もいるでしょう。義援金でも大変なお金が集まったと聞いています。

私たちはバブルを経て、豊かな繁栄の陰で大切なものを全くないがしろにして日々生きていたのかもしれません。自分のやりたいことを、自己愛的にやりたい放題にして。それが、仕事から帰ってきたときに子どもをすぐにお迎えに行かないというお母さんにつながっていく。象徴的ですよ。わが子を保育園に迎えに行ってやることから事が始まるというのは、これまでのお母さんなら普通のことだったはずです。

堂珍　そうですね。

佐々木　犬の散歩から始まるなんてことはちょっとないでしょう？　わが

子を連れて行ってやるなら、それは素晴らしいと思いますけどね。そういったことが、全て失われてしまった。何とかして取り返さなければと思うんですよ。

お母さんが好きだったことを思い出して

堂珍　お母さんの中には、子どもとどう付き合っていいのかわからなくて、例えば「赤ちゃんにどうやって言葉かけをすればいいのかわからない」という人もいるとか。赤ちゃんを抱っこすれば、何となく言葉をかけると思うんですが。

　犬や猫にだって何げなく声をかけますよね。そういうこともなくって、ただ、子どもにごはんを食べさせて命をつないでいるだけ、みたいな関係の子育てになってしまった人もいるのかな、と思います。大人とも付き合い方がわからず、引きこもり母みたいになっている人もいると思うんです

ね。子どもと一対一で向き合ってばかりで、喜びを分かち合うどころか、自分の笑い顔も子どもに見せられないみたいになってしまう。そういったことは、母親自身の育ちの問題でしょうか。

佐々木　確かに内面の育ちみたいな問題はあると思います。そういう相談を受けることは、これまでもそんなに珍しくないことでした。

そういった相談を受けたときにも、私は前にも言いましたが、「お母さんが今まで、子どものころから、少女や青年までやってきたなかで、何か好きだったことはありますか?」と聞くんですよ。例えば趣味でもいいんです。絵を描くのが好きだとか、スポーツが好きだとか、いろんなことがあるでしょう。そういうものがあると答える人なら、「じゃあ、そういう集いへ、赤ちゃんを預けてでもいいから行ってらっしゃい」と一生懸命勧めたんですよ。

絵が好きだったら、仮に人と交わる力があまりなかったとしても、その教室やサークルに入れば、絵を描くことに没頭することができるから、入

っていきやすいんですね。そうすると、同じように絵が好きだという人と交わるきっかけができてきます。

人と交わるのが苦手な人に対して、何もなくて人の中に行きなさいっていうのは、これは無理なことですよ。

そうすると、どんなお母さんでも、好きなことが何もないなんていう人はほとんどいませんから、いろんなところに入っていきやすい。そんな勧め方をよくしましたね。そして実際にそういったことで、コミュニケーション力は改善されていきます。確実によくなってきます。

堂珍　不思議ですね。赤ちゃんとは関係ないことなのに、少しだけ自分が好きなことをする時間を持つことで、家で赤ちゃんに対しても前向きになれるんですね。

佐々木　そう。絵を描きながら、「お上手ですね」って先生がひと言言ってくれるとか、仲間が「そこ、どうすればこんなに描けるの?」などと声をかけてくれる。それなら普通に返事ができるでしょう。そして、繰り返

していうちに、だんだん打ち解けた会話ができるような関係になっていって、人間関係ができてくる。そういうものをぜひ勧めたいです。

堂珍　自分の自信も少し戻ってくるんでしょうか？

佐々木　戻ってきますよ。

堂珍　大人自身がコミュニケーション不足なんでしょうかね。

佐々木　それはとても悲しいことです。

堂珍　自分は何もしないのに、他人が何かしてくれることを期待してしまっているのかもしれないですね。先ほどおっしゃっていた自己愛的な生き方が重なって……。

佐々木　そうなってしまったんですよね。豊かさと自由と平和とのなかで。

堂珍　家のなかでも、家族が家のなかで、メールで「ごはんできたよ」なんて伝える、というような話を聞いたことがあります。

佐々木　本当はそんなことではなくて、顔を合わせておしゃべりをすることが大切なんですけどね。

堂珍　顔を合わせないためのツールが、どんどん増えていますよね。忙しいし、顔を合わせなくても済むものなら便利だし、つい使いたくなってしまうんですが、むしろ、だからこそあえて顔を合わせて、一緒に時間を過ごすべきなんですよね。現実にはそういうことのハードルは非常に高くなってきましたが、大事なことなのかもしれません。

佐々木　おっしゃるとおり、とっても重要です。私が尊敬しているアメリカ人の精神科医のひとりにハリー・スタック・サリヴァン〔57〕という人がいます。彼は人間的な精神医療に生涯没頭した非常に人道的な人。臨床医として世界最大の人物だと思っています。彼が残した素晴らしい言葉のなかに、「人間はこの世に生まれてきたからには自分の存在の意味を知りたい。それから、自分が生きる価値を知りたい」というものがあります。

それを口に出して言わなくても、あるいは言葉で実感しなくても、そういった感情は誰にでもある、というんです。自分の意味とか価値を知りたいという感情です。

57　ハリー・スタック・サリヴァン
Harry Stack Sullivan（1892～1949）　アメリカの精神科医。統合失調症の治療法などに大きく貢献。生涯を臨床医として過ごし、世界に残した功績は大きい。

しかし自分の意味や価値、そういったものは人間関係のなかにしか見いだせないものなんです。人間関係を通してしか、実感できないんです。だから心を病んだ人というのは、サリヴァンによれば必ず人間関係の障害を持っていると言います。あるいは人間関係を失ってしまっている。その意味でいえば、私たち日本人は、いろんな程度に人間関係を失いながら生きているわけですから、サリヴァンの考え方にのっとっていえば、みんな心が病む方向、病む方向に行っているわけです。

堂珍　自分の意味や価値が、人間関係のなかにしか見いだせない、というのはいい話ですね。でも今は、人間関係がどんどん希薄になっていっていますよね。物理的に家の壁も高くなっていますし、近くにいたってお互い何をしてるかわからない。お隣の人がどういう人かもわからない時代です。

佐々木　私たち精神科の治療というのは、いろんなことをあれこれしているように見えるかもしれませんが、究極の目的は、その人の人間関係の修復、あるいはその人の人間関係の再調整。これに尽きるんですね。

堂珍　先生が先日ご出演されてたＮＨＫの番組［58］を拝見しました。印象的だったのは、孤立した母親の人が２人ぐらい出てきて、ひとりの人はうつ病のようになっちゃうし。もうひとりの方は自分が虐待するかもっていう状態で。見ている側もハラハラしました。でもこの方たちはどうやって回復したんだろうと思って見ていると、要はママ友のサークルのようなところにふっと入るとか、保育園の集まりにふっと入るという結論でした。それだけで解決しちゃうの？って、実はかなり驚いたんですよ。だって、その前まではギリギリのところまで追い詰められているお母さんだったわけですからねえ。

佐々木　皆さん、びっくりされると思うんですよ。でも、あれが真実なんですね。

堂珍　人間関係の大事さというのを強く感じて、本当に印象的でした。

佐々木　人間関係がない孤立した状態で生活、育児していた人が、そういう身近なところで親しい人に巡り合うようになって、だんだんコミュニケ

58　ＮＨＫの番組
ＮＨＫ教育テレビの番組『ハートをつなごう』。発達障害、引きこもり、性同一性障害など、困難と向き合いながら今を生きる一人ひとりの体験に耳を傾け、語り合う番組。母親が孤立した中で子育てをする「脱〝孤育て〟のススメ」の特集に佐々木正美先生も出演。大きな反響を呼び、何度もアンコール放送された。

ーションが進んでくるにつれて、自分が変わってくる。こういうことは、本にも書きましたし、講演でもあちこちで言っていることなんです。でも、実はそのＮＨＫの番組のディレクターの方は、初めは、本当かなって思われたようなんです。それで取材をしてみたら、お母さんが変わっていく様子が取材できて、それをビデオテープに撮っていった。

「佐々木先生、本当にあなたがおっしゃったとおりだということがわかりました。この番組に協力してほしい」と言われて、そこから番組を作ったんです。

人は人といい関係を、もちろん夫婦であれ、近隣であれ、友人であれ、何か趣味のサークルであれ、どこかでつくった方がよいです。人と親しくなるからです。そうなったときに自分が変わってきます。人は人との関係のなかに自分の存在の意味を知りますし、生きる価値を実感するようになります。そして、そういったものを失うと大変なことになるんですね。

堂珍　やっぱりストレスは、人と交わって悩みを解決したりすることで解

消していくしかないのでしょうか。

佐々木　ストレスの大きい人は、本当の意味で人と交わる力がない人です。ストレスは人間関係の中で生じるんです。ストレスが生じたら、今度はいい人間関係のなかで解消できていくんです。どちらにしても人間関係。ストレスを和らげるのもなくすのも、強く大きくしてしまうのも小さくしていくのも人間関係です。人間は人間関係をずっと続けていくのが宿命。いい人間関係に持っていかれるといいなと思うんですよ。それをしないで、何時間もゲームをしているようじゃ、寂しいですよね。

堂珍　それこそ、私にとっても悩みなんですが、ゲームというのはどうしても排除できない部分もあって……。

佐々木　子どもの友達付き合いでも、必要になるんですね。

堂珍　うちでは毎日していると支障がでてきたので、今は土日限定にして、土日の宿題が終わってからならしてもよいということにして、毎週違う場所に隠しています。

学童期にゲームとの付き合い方をきちんと覚えさせたい。でも一方で「しつけ」と捉えると、子どもを叱らない方がいいわけですよね。叱らないでどういうふうにゲームとの付き合い方のしつけをしていけばいいのか……悩みます。

佐々木　精神科の医者として先生たちから習ったことと、それから自分で実践してみて思うことは、やめさせたいことをストレートに「やめろ」という発想では、たいていのものはやめられないということです。ほかに何かやりたいことが出てこないとダメなんです。ゲームよりもほかにもっと楽しいこと、ほかのことで打ち込めることが見つからなければ難しいでしょう。そのときにたいていの親は、親が見て安心できる、親が価値を置けるものに替えようとするんです。でも、実際にはそれではなかなか替わらないです。

堂珍　子どもの目線で、ほかに楽しいことがあれば、自然にそちらに替わっていくということですか?

佐々木　そうです。

堂珍　そういうものを自然に見つけさせて、親が叱らないでしつけていくというのは、本当に難しいですねぇ。小学生ぐらいになるとやらなきゃいけないこともたくさんあるし、ついつい指示して、叱って、親が求める方に持っていこうとしてしまうんですけれど……。

佐々木　子どもに単純にやめさせるのは難しいことです。だから友達と思いきり何かしてきなさいとか、遊んできなさいとか、とにかく何かほかの楽しいことに替えて、ゲームの時間を減らしていく、なくしていくっていうやり方しかないでしょうね。単なる中止、禁止はダメです。それでは絶対にやめられないものなんです、人間って。

堂珍　大人にも言えることですね。

佐々木　多分そうでしょうね。

堂珍　たばこをやめるなら、たばこよりいいものを、お酒をやめろというならお酒よりいいものを見つけなければ、きっとやめられない（笑い）。

ゲームだけじゃなく、社会的なルールを続けさせていく必要もあると思うんですが、そういったとき、叱らないでどういうふうに伝えていけばいいんでしょう。

佐々木 例えばどんな社会的ルールを考えていますか?

堂珍 まず、あいさつがあると思うんです。口うるさく毎日「あいさつをしなさいね」って、叱らないように子どもには伝えていっているんですが。でもそれができてなかったらやっぱりそこで、「なんでできないの?」「ありがとうぐらい言いなさい」って、ついつい口にしちゃうんです。

佐々木 なるほど。わが家を訪問してくださった方がよくおっしゃるのは、佐々木さんのうちには「ありがとう」っていう言葉が多いですね、ということです。でも、夫婦がお互いにそういった言葉を言い合っていれば、それを見て子どもも自然に言うようになってきます。

堂珍 大人がそう言っている姿を自然に見せること、なんですね。

佐々木 そう、自然に。

堂珍　叱って教えるんじゃなくて、親がしている姿を、子どもが自然に見ているということが大切なんですね。

佐々木　「ありがとう」と言えるときは、普通はうれしいときですよね。そういう、うれしいときにうれしさを表現する。ちょっとひと言「ありがとう」っていう言葉をかけるだけでもいいと思います。

ほかに同じくらい大切なのは「ごめんなさい」です。

「ああ、ごめん、ごめん」「ごめんなさい、うっかりしてた」なんていう言葉かけも大事なことです。私は人間関係の中では「ごめんなさい」と「ありがとう」という言葉が一番大切だと思っているんです。

堂珍　人間関係でも、相手に先に謝られると結構すっきりしますよね。

佐々木　そういうこと、あるでしょう?

堂珍　ありますね。ちょっとここが嫌だなと思っていても、先に謝られると、「あっ、いいよ別に」っていう気持ちになりますものね。

佐々木　そういうことです。「ごめんなさい」も「ありがとう」も、相手が「どういたしまして」と言ってくれることが多いことですよね。「ごめんなさい」「いいえ、どういたしまして」、「どうもありがとう」「いいえ、どういたしまして」って。つまり「お互いさま」という意味のこと。「お互いさま」だから、コミュニケーションができていくことになるんでしょうね。

堂珍　しつけも、叱って教えるのではなくて、親が実践すればいいという

ことでしょうか？

佐々木　そうそう。どういうときに親が「ありがとう」と言っているかということも大切ですね。「ありがとう」は、そんな大げさにお礼を言うようなことでなくても、日常のちょっとしたときでも、「ありがとう」って言ってみてもいいと思います。

堂珍　そういえば私も、家庭の中ではなるべく言葉で伝えるようには気を付けています。私がいけないことをしたら子どもにちゃんと、「ごめんね、今日はママが悪かった」って言葉で伝えるようにしていると、意外と子どもも言葉で返してくれたりするようになりますね。

佐々木　自然にね。子どもに染み渡ってくるんです。

堂珍　コミュニケーションには、ちゃんとした言葉も大切なんですね。

佐々木　とっても大切です。言葉には意味があり、感情がありますからね。言葉を発することで感情も伴ってくる。

堂珍　言葉のキャッチボールをしていても、それが全部叱られていたり、

親からの指示ばかりだったら、コミュニケーションが楽しくないって思うのが当然ですね。

佐々木　そうなっているご家庭も多いかもしれませんが。

堂珍　指示を出さないっていうのは難しいんですが、どのように言ったらいいんでしょうか？

佐々木　同じことを言うのに、指示ではなくて、「頼み事」ということにしてもいいんです。「こうしなさい」じゃなくて、「こうしてください」「こうしてもらえるかしら」って言ってみる。

堂珍　「これしてくれると助かるんだけどなあ」なんて、私もよく言うんですが、そういう言い方でいいんでしょうか？

佐々木　そういう「お願い」はいいんじゃないでしょうか。人は「こうしなさい」という指示や命令をされるより、「こうしてもらえないかな？」とお願いされた方が「じゃあそうしようか」という気持ちになりやすい。子どもにとっても同じです。ずっと受け止めやすいものなんですよ。

佐々木先生の子育てQ&A 7

わが家は家計が苦しく、子どもが1歳になったら仕事を始めたいと思っています。でも、友人に「3歳までずっと一緒にいなければ愛情不足の子どもになる」と言われたり、周囲から「小さな子がいるのに無責任」と言われ、悩んでいます。子どもが幼い時期はあっという間に過ぎるので、そばにいて成長を見守りたいと思うのは母親なら誰でも同じだと思うのです。でも、今は若い世代の就労条件は非常に悪く、生活も厳しいのが実情です。本当は働きたくないと思っていても、経済的な事情からどうしても働かざるを得ない母親だって大勢います。そのようなとき、子どもに対してどのような心構えでいればいいのでしょうか?

私は精神科医になって45年、保育園の保育士さんとの勉強会を始めてからもう37年くらいになります。ここまで継続してきたことで、その保育園で保育されていた子どもたちがどのような大人になっていくかを見てきました。

その経験から、お母さんが働いていて保育園に預けられていたからといって、健全に育たないということは全くありません。それは確かです。ある意味、保育園に預けられて育てられている子どもの方がいいな、と思えた時期さえありました。保育士さんがいい保育をして

いれば、子どもはきちんと育ちます。

問題は保育園に預ける、預けないといった単純なことではなくなってきています。例えば保育園に預けられている子のなかに、親の前ではよい子だという子が出てきています。一方で、保育園では赤ちゃん返りして保育士さんに過度に甘えたり独り占めしようとする子や、弱い子を攻撃したり乱暴したりする子がいるんです。家庭で親といる時間にいろんな形で欲求不満が多いと、保育園ではそういう姿を見せる子になってしまいがちです。

子どもを保育園に預けるのはいいんです。でも預けるなら、家で一緒にいる時間は子どもを十分に甘えさせてあげてほしい。もちろん、専業主婦のご家庭よりも一緒にいる時間は短いでしょう。でも時間の長短ではなく、要は質の問題です。子どもと一緒にお風呂に入ってお歌を歌って水遊びをするとか、夜、寝る前には一緒に添い寝をして絵本を読んであげるとか、そういったことをしっかりやってあげるだけで、子どもはずいぶん違ってきます。親の前では、甘えやわがままを見せられる子どもの方が、保育園ではしっかり社会的行動がとれるものなのです。

保育園は子どもにとっては家庭ではなく「社会」なんです。社会に出ていくためには、家庭が安らぎの場でなければなりません。そのことを心に置いておけば、子どもを保育園に預けていても、子どもはちゃんと育っていきますよ。

佐々木先生の子育てQ&A 8

私はシングルマザーです。ときには「片親」であることを引け目に感じたり、一人での子育てに自信をなくしたりすることがあります。子どもにとっては、両親の愛に包まれて育つのが理想かもしれませんが、シングルで育てざるを得ない親もいるでしょう。シングルで育てるとき、親はどのような心がけで子育てをすればいいのでしょうか？　いない親の役割をどのように負えばいいのでしょうか？

私が生まれたのは昭和10年です。昭和16年から第二次世界大戦が始まり、父は日中戦争に出征していましたから、家には母しかいませんでした。友人にもお父さんが戦争に行っている人が多く、なかには戦死された方もいました。それが当然の環境でしたから、周囲も「シングルだからどうだ」などと言う人はいませんでした。同級生のなかにはご両親ともに亡くし、祖母に育てられている人もいましたが、全く不幸そうな影などありませんでした。なりたくてシングルになった人はいないでしょう。みんなその運命を受け入れていたのです。

両親がそろっていなければならないということはないのです。大切なのは、子どもの欲求を満たしていける人がきちんとそばにいること。そういう人がいれば、何も問題はありません。「片親だ」などと引け目を感じることなどなく育ててください。

親の愛情には、母性的なものと父性的なものとがあります。母性的な愛情とは、子どもに安らぎを与え、子どもをありのままに受け入れ、無条件に愛すること。父性的な愛情とは、規則や責任について「こうでなくてはならない」と子どもに伝えること。本来、両親がそれぞれ担うべきこの両方の愛情を、1人の親が子どもに伝えていければいいのです。

しかし、そこにはルールがあります。どんなことがあっても、子どもには母性的な愛情から伝えていくべきだ、ということです。母親だけで育てていると、厳しくしつけなければ、と考えがちですが、父性的な愛情は後から伝えても十分。まずは母性的な愛情から子どもに伝えなければなりません。

母性的な愛情というのは、家庭のなかで与えやすいものです。というのも、家庭の外に広がる社会は、全て父性的な原理で成り立っているからです。唯一、家庭のなかだけが母性的な愛情が満ちているというのがよいのです。母性的な愛情を豊かに与えられているから、父性的な外の世界に出ていける子どもになるのです。

シングルだからといって、何も心配することはありません。まずは子どもをしっかり母性的に愛してあげてください。父性的なものは園や学校で与えてくれます。

第5章

社会の誰もが見守る子育て

豊かな社会の貧しい子育て

堂珍　東日本大震災の後、私自身はもちろん、家族や子どもたちの命だっていつ終わるかわからないと考えるようになりました。「もし、自分があした死んじゃうことがあるとしたら、母親として今日の私はこれでよかったのかな」って考えるようになったんです。

佐々木　なるほど。大震災は日本人の価値観を大きく変える出来事でしたからね。

堂珍　今日一日、例えば仕事が朝から晩まで続いて、もし自分があした死んじゃうとしたら、私はこのままで終わっていいのかなって考えると、もう少しも時間を無駄にできないなあと。

夜ちょっとの時間でも、とにかく子どもと本を一緒に読んだりして、その日一日の子どもの心に少しでも近付けるようにと思って、日々気を付けて過ごすようになってきたんです。

佐々木　多くの人に、そういう人間らしい気持ちを、いろんな程度に呼び覚ましてくれるようなことになったんじゃないかなと思うこともあります。

今、無縁死〔59〕をする孤独な高齢者が毎年三万何千人かいると聞いています。毎日日本で100人近くの人がそうやって亡くなっていく。本当に不幸なことです。「あのお年寄り、近ごろ見かけませんね」って町の人が言って、市役所や警察の人に立ち会ってもらって家に入ったら、いつ亡くなっていたんだろうっていうような亡くなり方をしているということがかなりあるんですね。そんな悲しいことはかつては聞いたことがなかった

59　無縁死
身元不明者の自殺とみられる死亡、生き倒れ死など、身内の誰にも知られず、引き取り手がないまま遺体が埋葬される事例。年間3万2000件に上るという。

です。それが毎日１００件ぐらいずつ起きているわけですからね。
そういったことが増えてきているというのは、私たち日本人の子育てにつながるものです。子育てとも当然関連のあることです。
最近、わが子を虐待する人が増えてきている。ところが一方で、高齢者が自分の子どもから、息子、娘、ないしその夫婦から虐待を受ける。数はまだ子どもが虐待されるほどではないんですが、増加率はずっと大きいんだそうです。

堂珍　最近のニュースでもよく耳にしますよね。

佐々木　高齢者介護施設などでも、高齢者に対して虐待をするような職員がいたりする。本当に悲しいことだと思います。

堂珍　子どもたちが将来親に対してもひどいことをするような大人にならないためにも、母親ができることがあると思うんですけど。

佐々木　そうですね。まず子育てにおいて、母親として精一杯かわいがること。それにつきると思います。

周囲に「迷惑」をかけながら育てよう

堂珍　一人で子育てをするのはつらいことです。閉じこもらないためにも、なるべく地域で子どもを育てるようになってほしいと思って、私は子どもと一緒にご近所さんといろんな関わりを持つようにしています。

長男が、自転車の乗り方を教えてもらったのはお隣のおじさんだし、学校帰りに毎日、バス停の前のクリーニング屋さんのおばさんのところに寄って、カルピスを頂いて帰ってくるんです（笑い）。いろんなところでご迷惑をおかけしているとは思うんですが、本来、子どもはそうやってみんなの目の前で育っていくのが健全な社会なんじゃないかと思うから、どんどん外に出しちゃうんですよね。小さな子が４人もいるので手が回らなくて、長男にお使いに行かせたりもします。人と関われるようになってほしいという気持ちもあるのですが、無責任な母親に思われるかもしれません。

佐々木　そんなことありませんよ。今の、自転車の乗り方を教えてもらうのが、ご近所のおじさんだったりというお話。私の子どもが小さかったころのことを思い出しましたね。

私の次男が幼かったころのことです。自転車が下手で、いつまでも補助輪を着けていたんですね。そうしたら、ある日、補助輪のない自転車に乗って帰ってきたんですよ。妻が驚いて「どうしたの？」って聞くと、「何ちゃんのおばさんがとっちゃった」って言うんです。「もうこんなに大きくなって補助輪なんておかしいよ。おばさん、手伝ってあげるから、後ろ持ってあげるから、転ばないように」ってね。これこそ、本当の意味での親切です。差し出がましいことでも何でもないんですよね。

堂珍　なかなかできないですね。

でも、なるべく子どものために、私も敷居は低くしようと思って、隣近所にはご迷惑かもしれないんですけど、おかずがいっぱいあれば、お隣にお裾分けをしに行ったり、ときには「一緒にごはん食べませんか？」って

お誘いしたり。そうやってるうちに、子どももご近所の人と親しくなって、近所のお兄ちゃんに本を借りてきたりします。

佐々木　それは素晴らしいですね。人を信じる力が子どもの中に育ってくるわけですよ。人を信じる力というのは、自分を信じる力にそのまま跳返ってくるものなんです。表裏一体のものなんですよ。自分を信じる力っていうのは、傲慢不遜とは全く関係ない自信。自信っていうのは、人を信じることができることによって育ってくる感情なんです。

堂珍　逆なのかと思っていました。

佐々木　そう思うでしょう？　でも、エリク・エリクソンがそれを「基本的信頼」［60］という言葉で我々に教えてくれました。

堂珍　子どもはどんどん他者との関わりのなかで育てていったほうが。

佐々木　ずっといい。信じる人をいっぱい持てれば持てるほどいいんです。

こういうことをお話しすると、妻が一時、心配したことがあるんです。「あなたみたいなことを子どもやご近所に一生懸命吹聴すると、子どもが

60　**基本的信頼**
直訳すると、ベーシックトラスト　basic trust
周囲の人に対して「信頼」の感情を持つこと。乳児期に最も豊かに育つ感性。「自分が存在していることは、それだけで周囲から喜ばしいことだと思われている」という認識があると、周囲にも信頼を持ち、困難を乗り越えていける。

誘拐されるんじゃないか」、っていうことですね。「おじさん、携帯貸して」とお願いして「貸してあげるよ、こっちおいで」なんて言われて、とんでもないことになりかねないんじゃないか、と妻は心配した時期があったんですよね。悲しいことでしょう？

堂珍　母親としてはそういうふうに思って当然の時代なのかもしれません。現実に思いもよらない事件もありますから、そういう心配をする母親が、どんどん増えてきてますよね。

佐々木　でも、本当は他人を信じることはいいことなんですよ。人を信じられることは「自分という人間」を信じること。自分に自信のない人は、信じられる人がほとんどいないものです。家族も信じられない、友達も信じられない、職場の同僚や先輩も信じることができないで苦しんでいる人。そういう人は本当に自分に自信がないですから。人間というのはなんとも不思議なんですよ。いつも表裏一体。人を信じることが、自分を信じることになるんですからね。

人を信じる素晴らしい力

堂珍　前にもお話をおうかがいしましたが、先生はご著書でも「子どもに劣等感を植え付けるのが一番いけない」ということをおっしゃっています。それと通じるところがあるかもしれませんね。

佐々木　非常に通じると思います。弱点や欠点を指摘し過ぎて、それを修正して、いい子にしてやろうなんて思い過ぎると、劣等感ばかりが育っていくわけですよ。子どもを育てるときにやってはいけないことはいくつもありますが、なかでも子どもが劣等感を感じるように育てるのは最もいけないことです。そのことを、親はちゃんと知っておかなければなりません。

堂珍　自信をなくさせるような方向にしてしまうということですね。

佐々木　そうです。「自信」というのは、自分に対する過信とか、傲慢不遜な感情ということじゃないんです。自分の内側の、静かな深い所にある

自信。何か不幸なことがあっても、挫折があっても、めげないで立ち直れる力のもとに最終的につながるのが、その自信です。それは絶対に「人を信じる力」がもとになっています。最も身近な存在である自分の親に始まって、どれだけ多くの信じられる人に巡り合ってきたか、ということです。

堂珍　最近、何かに挫折したときにそれを乗り越える力が弱い人が多いので、それがどこかで親として心配だったりします。でも、子どものころからいろんな人と関わりを持っていれば、そのつど乗り越える力も育っていくってことなんですね。

佐々木　自信なんて、大きくなってから急に育つもんじゃないんですよ。勉強ができるから自信が持てるかといえば、そんなことは絶対ないです。

堂珍　えっ？　勉強ができることは、その子自体の自信とはつながらないっていうことなんですか？

佐々木　つながりません。なんということだと嘆く方もいるかもしれませんが、実際にそうですから。人と交わる力、人を信じる力、自分は人から

信じられてる、自分も人を信じてる、というような深い所の基本感情は、勉強ができる、できないとは関係ないんです。

私は職業柄、学校でいえば不登校、青年期以後になると引きこもりという人に、どれだけお会いしてきたかわかりませんが、自信がなくて引きこもってしまうのは、勉強ができる子の方に多いんです。勉強ができるということが自信にはつながらないという例ですね。

堂珍　それは生きる力にはならないんですね。

佐々木　直接はならないんです。たくましく生きてる人がどんな人か、ご自身の周りの方を思い出してみてください。勉強ができた人って、そんなにいないんじゃないですか？

堂珍　勉強ができなくても、ほかのことができてるからいい、と。

佐々木　もちろん、人を信じることができて、自分に自信が持てて、その上に勉強ができれば、それはベストですよ。それならいいかもしれませんけど、逆にはなりません。

堂珍　ただ勉強ができて自信がないよりは、人付き合いが上手な方が生きていく力としては大切ですね。では、どんなふうにしていけばいいんでしょうね。

佐々木　繰り返しになりますが、人と喜びを分かち合う力を育てることです。その第一歩は母親と喜びを分かち合うことになるでしょう。

アンリ・ワロン［61］というフランスの心理学者が、非常に地道な研究の中から解き明かしてきたんですが、人と喜びを分かち合う力というものは、多くの子どもの場合、お母さんから与えられるんです。どのようにして与えられるかといえば、子どもが喜ぶことをしてあげていて、そして、子どもの喜んでる姿を見て、お母さんが喜んでいる。両方が喜び合っているわけです。

お母さんというのは、基本的にはわが子を喜ばせることが自分の喜びなんです。今とっても不幸な時代になって、何かが傾きかけている背景には、子どもにいろんなことを期待することが自分の喜びだというお母さんが増

61 アンリ・ワロン
Henri Wallon（1879〜1962）フランスの精神科医、発達心理学者。人間の発達・成長（個の歴史）を、歴史（共同の歴史）とともに全体として捉えようとし、ヨーロッパで500年以上積み重ねられてきたあらゆる哲学、心理学、そして精神医学を吸収しようとした。

えてきたことがあると思うんです。
子どもはそんな母親の期待どおりに育っているかもしれませんが、子どもを喜ばせてはいないんですよね。子どもを苦しめようと思っているわけではないのに、結果的に苦しめているということがあるわけです。

堂珍 自分の「自慢の子ども」になってほしいっていうお母さん、多いんですね。

佐々木 それで、どんどん不幸な時代になってきてるんですね。自分が誇りに思えるようないい子を持ちたいっていう気持ちは、誰にだってあるんですけど、そこのところが肥大し過ぎてきたっていうのが現代の社会じゃないでしょうか。

堂珍 1人や2人ぐらいのきょうだいのなかだと、どうしてもそうなるかもしれませんね。うちは幸いにも4人いるんで、それぞれに欠点があり、長所があり、全員で私を満足させてもらってる感じなんですよね。一人ひとりにかける期待がどこかで分散していく。この子にはできないことがあ

っても、この子にはできるからって思えるんです。

佐々木　私は3人きょうだいで2人の弟がいます。ところが、私の妻は6人きょうだいで4人のお兄さんと妹が1人いる。今おっしゃったようなこと同じようなことを、もう亡くなった私の義理の母、つまり妻の母は、私によく打ち明けましたね。義理の母は私のことを本当の息子のようにかわいがってくれて、今のような話を聞きましたよ。

6人子どもがいて、あの子からはこのことを、この子からはあのことをと、与えられるものがみんな違って、たくさんのものを与えられたと。本当に満足しきって亡くなっていったように思いますね。義母が子育てしていた時代は大変な時代でしたから、子どもが多いのは決して楽じゃなかったと思うんです。でも、子どもがたくさんいたから、元気をもらえて幸福に生きてこられた、という話を何度も聞かされましたね。実の息子や娘には語らないような胸の内や、家族の秘密っぽいことまで、ふたりきりになると、私には平気で語ってくれたものです。

堂珍　きょうだいが多くなると、意外とフッと肩の荷が下りて、とっても楽に育児ができるようになってくるものなんですね。子どもが1人だったころは比較的内にこもっていたものが、4人になるとどうにもならないので、もし手助けしてくれる人がいるなら、どんどん外に出ていこうという気になる。子どももそっちの方が勉強にもなりますし。

子どもが4人になってみて、母親だけじゃなくて、他人から愛情を受けた子どもっていうのは絶対に、大人になったら他人に愛情をかけられるんじゃないかなと思うようになりました。もちろん両親からの愛情があっての話なのですが、プラス、知らない人からほめていただいたり、叱られたり。子どもにはいろんな経験をしてもらいたいです。

地域や社会と関わって子育てを

佐々木　堂珍さんは、おひとり目のときに非常に不安だったのでしょう。

今のお母さんたちは子どもが1人か2人の方が非常に多いと思うんですけど、多分、堂珍さんが子育てを始めたころと同じように不安が多いと思うんですよね。そのときの不安はどんな感じだったんですか？

堂珍　外に出るということがあまりなかった気がします。公園とかには行っていたんですけど、自分自身を開放していることは少なくて、子どもしか見てないまま外に出て、公園に行って、人との交わりもなく、対子どもっていう生活しかできてなかったですね。

佐々木　お母さんが一人で育児をしたら、育児がうまくできないんです。不安とか、いろんなことで。だからいろんな人の手の中でわが子を育てるのがいいし、お母さん自身が、うちの外でもいろんな人との交わりを持つ方がいいんですよ。

例えば、幼稚園や保育園のお母さんの会とか、おやじの会［62］。そんな頻繁な集まりではないんですが、同じ園に子どもを通わせる者同士、お母さん同士、お父さん同士が、できれば親しく交わりましょうという会で

62　おやじの会
普段、なかなか時間のとれない父親たちが、幼稚園、保育園、小学校などの行事に参加し、手伝いをすることを目的とした会。力仕事など頼れる姿を子どもたちに見せる一方、おやじバンドなど、親自身が楽しんでいる様子を見せることも好評。

す。そういう会に入っているお母さんに聞くと、そこに入る前、家の中で子どもを送り迎えするだけで育てていた時代は、とってもイラ立ちやすかった、不安を感じやすかった、ささいなことで子どもを叱ったり、たたいたりもしていたんですと言うんです。

それが、お母さんの会に入ると、親しい人ができてくる。そうなっていくうちに、いつの間にか子どもを叱らなくなっていた、そんなにイライラしなくなっていたそうです。いろんな人と交わりながら、お母さんが育児をするということに意味深いものがありますね、子どもに対する態度が変わりますから。

堂珍 そういった会に行けばちょっと息抜きもできますね。

私は毎週金曜日の夜は、保育園のママさんたちとよくうちでごはんを食べるんです。多いときは子どもを含めて30人とか。おにぎり40個作ったり。最初は月に1回程度だったんですが、みんなどんどん会いたくなってきて、最近はほぼ毎週です。今度はペンション一棟借りて、みんなで海に行こう

っていうことになっているんです。中型バスを借りて32人で。私が通ってる保育園は、たまたま皆さん仲良くって、親の会もあって、プールの設営は父親がみんなで行ったりとか、いろんなことをしているんです。

佐々木 それは素晴らしいことです。

堂珍 ありがとうございます。気が付くと、周りには子どもが5人いるとか、4人いるとか、東京都内では珍しく、結構たくさん子どもを産んでるお母さんが多くて。きょうだいがいる子育ての話をすることもできます。そういう方たちに毎週会ってると、すごく落ち着くし、また次の一週間、育児を一緒に頑張っていこう！って同志のような思いがしています。

佐々木 そこまでなさっているとは（笑い）。でも、その本質、意味はよくわかりますよ。

堂珍 子どもが4人になってから、やっぱり私は人が好きなんだって思うことが多くなりました。人と交わっているのが性に合ってるんだな、と。それでも、1人目、2人目のときは、一人だけで育児してるっていう勝手

な思いがあって、私はひとりっきりでこんなに頑張ってるんだ……っていう思いがあったんです。それなのに誰にもほめてもらえないし、誰にもわかってもらえない……と。でも、今にして思えば、私は勝手にそうやって自分を殻に閉じ込めていたんですね。

佐々木　そうなんです。そうなってしまうんです。

堂珍　ほめてもらえないという思いがすごくあって。

佐々木　認めてもらえない、というような寂しさや、苦痛ですね。

堂珍　子どもはすごくかわいいし、子育てってやりがいがあるなって自分では思っても、世の中から見たらすごく当たり前のことだし、母親が子どもを育てるのって当たり前じゃない?と見られる。それでふと、「私、何やってるんだろう?」って考えてしまう。誰かに「しんどい」って言うことによって、もしかすると自分はダメな母親なんじゃないか、みんなできてきたことなのに、なんで私こんなに大変なんだろうって思ってしまう。

佐々木　誰でもやってるようなことなのに、なぜ?と思ってしまうんでし

ょう。本当はそうじゃないんですけどね。

堂珍　1人の赤ちゃんしかいないのに、家事もできないし、家は散らかっちゃうし、こんなに何もできなくて、どうしてこうダメな母親なの？みたいな気持ちになって、シクシク涙したときもありました。

佐々木　おうちの外ででも、いろんな人とのつながりがあればあるほど、わが子とのつながりも深まっていくんですよ。こういうことは1970年代にアメリカ、テキサス州のダラスにあるティンバーローン精神医学研究財団［63］という、家族研究で有名な研究所で研究をした結果が出ています。子どもを育てることがうまくいってる家族と、とても不幸な状態になってしまった家族というのをはっきり選別して、それぞれの家族に共通点がないものかを調べたんですね。

子どもを育てることに、ある種成功している家族の共通点のひとつに、家庭の外の人との人間関係が豊かにあるとうまくいってる家庭が多いということがあったんです。家庭の外の人との人間関係が、なぜ家族間の人間

63　ティンバーローン精神医学研究財団
アメリカ・ダラスにある、家族調査で知られる研究所。「子どもをうまく育てている健康な家族」と「不健康な状態になってしまった家族」との間には、どういう違いがあるのかを細かく調査した研究で知られている。

関係をいい方向に向けていくのかという理由付けは、研究所ではあえてされていませんでしたが、そのことは事実だと研究報告書のなかに明言されています。

堂珍　そうかもしれないです。私、毎週のようにご近所の皆さんや保育園のママたちとごはんを食べるようになってから、家庭のなかもすごく円満になって、全てがうまくいってる気がするんです。父親が育児に参加する時間の長さは時間的には変わらないんですけど、前より手伝ってもらっている気分になりました。

佐々木　そういうものでしょう。不思議ですよね。

堂珍　1人目、2人目のときの方が、よっぽど手伝ってもらっていたように思いますが、そのときよりも今は時間は少なくても、ずっと支えてもらっている気がしているんです。

佐々木　多分、ご主人はあなたがあなたの充実した生き方をしている姿を見て、家族とより深く交わっていこうというような、何か理屈を超えたも

のを感じたんだと思いますよ。

堂珍　どんどんいろんな人と関わるようになって、家の中でもすごく満足していますね。

佐々木　堂珍さんは普通の人に比べても、ずっと、関わりを持ってますね。そういうことをほかのお母さんたちに強調していただくことはとてもいいと思います。何十人もの大きな規模で何かするということがなくても、たとえ2～3人でも、あえていえば1人のお友達であっても、家庭の外に親しい人ができるっていうことの価値は大きいですよ。

堂珍　お隣さんとは年が近いのでよく行き来しているんです。毎週金曜日にどっちかの家でどっちかがごはんを作ったら、週に1回は休めるから、この際、輪番制にする？なんて（笑い）。そうやって子どもが4人になってからどんどん開けたように思います。

佐々木　人間っておもしろいものですね。

堂珍　子どもが4人になったから、もうひとりで全部やるのは無理なんだ

から、誰かに頼っていいやって思えるようになったんですね。変な気負いがなくなりました。

佐々木　それが自然なんでしょうね。

親が子育ての全てを担うのは不可能

堂珍　でも、そういう思いを1人目や、2人目のお母さんたちはなかなか持たないと思うんですよ。また、それをやると周囲から「あなた、母親なんだから」って絶対言われると思っているでしょうし。

佐々木　それは間違いで、そんなことは決してないんですけどね。

堂珍　私は「子どもが4人なのでもう無理！」って自分から言ってしまっていて、かえって楽なんですが、子どもが1人のお母さんでも、そういうことが気軽にできるようになればいいと思うんです。

佐々木　社会がそういう雰囲気になっていってほしいと思いますよ。そう

なれば子ども自身も幸せです。近所のおばさんとか、おじさんとか、自分の家族のつながりのなかにあるおじいちゃん、おばあちゃんとか。そういう人たちの力っていうのは大きいんですよ。親とは違う、親には与えられない、いい愛情を与えてくれますからね、祖父母は。

堂珍　うちの子も、私に怒られると、必ず近くのパン屋さんに逃げ込んでいますね（笑い）。

佐々木　近所の人も、祖父母も、子どもの育ちにさまざまな力を与えてくれる存在です。私はたまたま長男が生まれる直前に、私の両親との同居を始めて、3世代家族で生活してきました。だから、わが家の子どもは生まれると、初めから両親のほかに祖父母もいるという環境で育ってきたわけですね。

私の両親が私たち子どもをどのように育ててきたかは、大まかなことは記憶にしっかりあるんですけど、孫が生まれると、自分たちを育てるときとは似ても似つかない態度をとり始めました。「これが祖父母の孫に対す

る愛情なんだ」と思いました。子どもに対する思いと、孫に対する気持ちはずいぶんと違うんですね。

私は職業柄、すぐ理論的に考えようとしたり、実験的に考えたりするのですが、そういう気持ちで祖父母の様子を見てみると、気が付いたことがありました。親は、子どもが将来幸せになってほしいという気持ちを、誰よりも強く持ってます。わが子が将来幸福になってほしい、いい生き方をしてほしいっていう気持ち。その生き方や幸福の価値観っていうのは、人さまざまでしょうけどね、そう思っています。あえていえば、将来の幸福を考える力が一番旺盛なわけです。

ところが、祖父母は孫の将来がどうなってもいいとは思っていないでしょうが、それよりはるかに現在の幸せを考えてますね。祖父母というのはそういうものだと思うんです。今、目の前で孫がニコニコしてるのがうれしいんです。それがどんなに子どもにとっていいことか。

堂珍　子どもに「抱っこ」って言われたら、母親は「ちょっと待って、後

でね」なんて言ってしまうけれど、おじいちゃん、おばあちゃんは違いますよね。

佐々木　そう、そんなこと言わないで、すぐに抱っこしてくれるでしょう?

堂珍　はい。

佐々木　祖父母ってそういうもんなんですよ。

堂珍　子どもに「もういいよ」って言われるまでずっと抱っこしていますよね。

佐々木　それができるのが祖父母。できるというか、したいっていう気持ちがあるんですね、祖父母には。

堂珍　なるほど、だから親が「虫歯になっちゃいけない、将来のことが心配だから」と思って、がんばって子どもにお菓子を与えないでいるのに、おばあちゃん、おじいちゃんは「はい、どうぞ」ってすぐにあげてしまうんですね。今の幸せが大事だから（笑い）。

佐々木　そう。あげてしまいますよね。そして、孫が喜ぶ顔を見ながら、自分が喜んでるんです。きっと理屈抜きに喜びを分かち合っているんですよね。あれが子どもの情緒の発達にどれくらい大きな価値があるかわからないですよ。今おっしゃった、近所のパン屋さんに逃げ込んで行くというのと同じように、わが家では親に叱られると祖父母の部屋に逃げていくわけです。そして、自分勝手な言い付け方をしてるわけです、子どもは。

堂珍　うちでもそうなんです。私の悪口を他人さまにいっぱい言ってますね（笑い）。

佐々木　そうですよ。うちでは祖父母に言っていたわけです。

でも、祖父母は承知しているんですよ。この子はどんな作り話をしているかっていうことなんかね、叱られている孫の様子をはたで聞いてるわけですから。その孫が飛び込んできたときに、待ち構えていたように慰めてるわけでしょう。「あなたは少しも悪い子じゃないよ」なんて、そこまで甘いんです。聞こえてくるわけです。「あなたのパパなんか、子どものこ

ろもっと悪い子だったわよ」なんてことを子どもに言ってるのが。そうやって孫を慰めてるんですよ。こういうことが、子どもにとってどんなにいいことか。

親は子どもをしつけるために、ほめることもありますけど、叱ることもあります。叱ることも、ときには必要なことなんですね。しかし、叱るということは、基本的には子どもの自尊感情をいろんな程度に、わずかか多いかわかりませんが、傷つけるわけです。

ところが、それを救ってくれるのは、お隣のおばさんであったり、祖父母であったり、周りの人なんですよね。そういうのが日々の生活の中で無数にあるといいわけです。積み重なっていくとね。

だから、堂珍さんがそんなにたくさんの人と交わってらっしゃることは、素晴らしいんですよ。たった1人、2人の祖父母の存在があるだけで、そんなに違うんですからね。

堂珍　親だけで全部できる、パーフェクトな親になろう、なんていうこと

は無理です。できないですよね。

佐々木　不可能です。叱ることと、子どもの自尊心を傷つけないでおくということは、同時になんかできませんから。できないのが普通なんですよ。普通というより、もう当たり前です。だから、いろんな人と関わっていくことで、一種の役割の分担みたいなものになっているんですね。いろんな人との交わりの中で子どもが育っていくというのは、素晴らしい考え方です。

堂珍　では、家のなかだけじゃなくて、地域全体で子どもを育てていくという雰囲気になれば、健全な社会になるのかもしれませんね。

佐々木　そのとおりです。ティンバーローン精神医学研究財団の調査研究の結果が裏付けています。成功している家族のいろんな要件のなかに、家庭の外の人との交わりがあったというね。

堂珍　母親が家のなかだけで育児を済ませようと思わないで、どんどんいろんな人に迷惑をかけながら育てていった方がいいってことに気付いても

らいたいですね。

佐々木　ちっとも迷惑なことではないんですよ。それはとっても繁盛しているパン屋さんとか、お菓子屋さんとか、お店屋さんに行くのと同じ。お店に行って並ばなければものを買えないようなお店で、そのときに並んでる人は、後ろに並んでる人に迷惑かけてるわけじゃないでしょう？　並ばなければ買えないんだから、お互いさまのことですよね。それと同じくらいに考えればいいと思いますね。

ご近所の人に何かあったら、それはこちらもお手伝いしますよというようなことが、お互いに暗黙の了解みたいに当たり前にできていればいいと思うんです。

子どもや友達と笑い合おう

佐々木　でも、堂珍さんもお子さんが１人、２人のときは、非常に育児に

悩んだり、母親として一生懸命やろう、ダメな母親なんて思われないようにと、すごく努力されたように、そうやって悩むお母さんは非常に多いですね。一生懸命なあまり空回りしてしまうとか、過干渉になってしまうとか。

堂珍　実際にはそう何人も子どもを産める環境ではなかったりするので、そういうお母さんにはどういうことを……？

佐々木　親子で孤独にならないことをおすすめしたいですよ。ご近所でも、少し離れていても、それは構わない。気が合いそうな人と親しく交わりながら、日々生きていると、さっき堂珍さんがお話しになってきたようなプロセスを、人は歩めますからね。

人とのつながりがあればあるほど、わが子とのつながりもいいつながりになっていくわけです、いら立ちとかストレスが軽くなって。同じ状態であっても、孤立してるほうがストレスに感じてしまう。

堂珍　ママ友［64］のことはよく雑誌でも取り上げられていますが、ママ

64 **ママ友**
子どもをきっかけに、「母親」という立場で知り合った友人関係。わからないことも多く、孤立しがちな子育ての時期を乗りきる、相談し合える関係であるとともに、付き合いの頻度、距離感がつかめず、悩む場合も。

友をつくることが苦しい、ママ友をつくったとしても、一緒にいることが苦しい、という人もいます。母親自身のコミュニケーション能力の問題でしょうか。

佐々木　はい、日本人全体がそうです。

さっき、アンリ・ワロンという人のお話をちょっとしましたけど、喜びを分かち合うという経験は、本当は赤ちゃんのときから始まるんですね。私たちが近所の子どもにあいさつをすれば、その子が笑顔をくれる、あるいは、バイバイと手を振ってくれる。実際にはその子が喜んでくれるからそうしているんですけど、よく考えると、喜ばせているはずの自分もとっても喜んでいませんか？

そういう関係を日本人がだんだん失いつつあるわけです。実は喜びを分かち合う経験を経て、ずっと遅れて悲しみを分かち合う力が発達してくる。

堂珍　そういう順番なんですか？　私は逆かと思っていました。

子どもたちを見ていると、友達の痛みがわかってから、喜びに移るのか

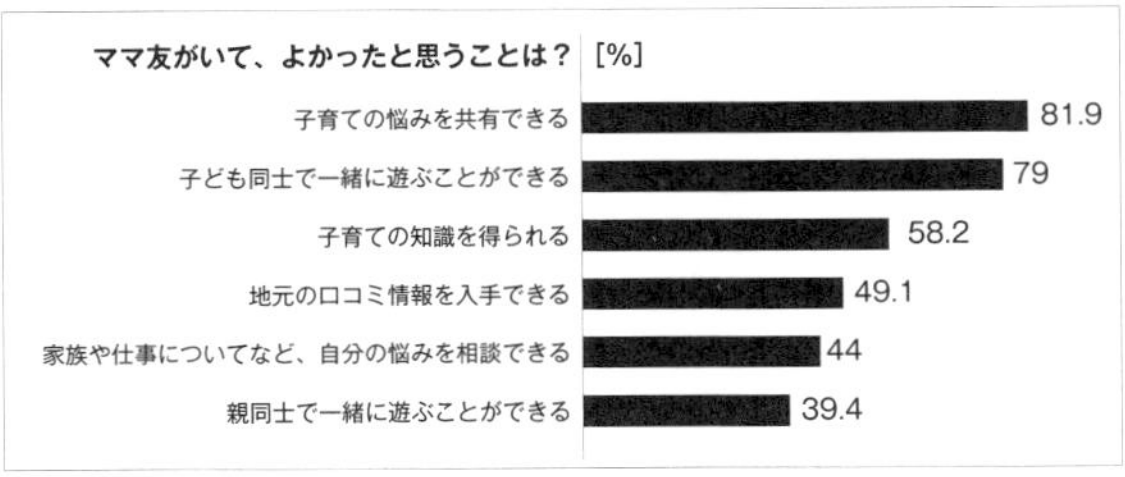

●『AERA with Baby』2009年12月号特集「ママ友づきあい　どうしてる？」より。0〜5歳の子どもを持つ母親500人の回答。調査協力：マーシュ

と思っていました。

佐々木　いや、それは反対です。喜びを分かち合う経験をしてから、悲しみを分かち合う力ができてくるんです。

堂珍　喜びのほうがハードルが高い気がしていました。痛みとか、悲しみの方が、よりわかりやすいんじゃないかと……。

佐々木　だから残酷なことをする子どもたちが増えてきているんです。学校でのいじめもそうですよね。それはもちろん悲しみを分かち合う力がないせいですが、その前に、喜びを分かち合う経験が決定的に乏しいわけです。だから悲しみを分かち合う力が育たない。

堂珍　人の痛みとか悲しみをわかる子どもに育てようと思ったら、どんどん楽しいことや一緒に喜ぶことを経験させてあげると、痛みもわかるということですね。

佐々木　「痛みを分かち合うことをダイレクトに教えることなんてできない」と、ワロンもいっていますよ。極論ですが、犯罪者というのも、ある

意味、人の悲しみ、苦しみを分かち合えない人なんですよ。そして当然、その人は生い立ちのなかで喜びを分かち合えるように、親や周囲の人に育てられてこなかったんです。

堂珍　たくさん笑う経験を親子で一緒にすることですね。

佐々木　そう。それは子どもにとってもうれしいことなんです。

堂珍　そういうことをして、喜ぶっていう気持ちを分かち合っているうちに、いずれ、きちんと痛みもわかってくるということなんですね。

佐々木　堂珍さんが三十何人ものお友達と一緒に遊んだりお食事をすれば、楽しいと思うんです。例えばサッカーのサポーター［65］もそうです。仲間とワーッと感動を分かち合ってるわけですね、勝っても負けても。

堂珍　一体感がありますよね、他人なのに。

佐々木　勝っても負けても分かち合い、それにまた選手は励まされる。人間の原点みたいなものですね。だから、喜びは人と分かち合わないと大きくならないんですよ。そして、悲しみを分かち合えるようにはならない。

65　サポーター
サッカーチームを応援するファン。熱烈な応援が力となり、チームを勝利に導くこともあることから、第3のチームメートと称されることもある。

思いやりなんていうのも、悲しみを分かち合う力のひとつです。

堂珍　今、家族の中での犯罪が増えているということも、実は家族で楽しみを分かち合ってないから、家族の痛みがわからないっていうこともあるんでしょうか？

佐々木　そのとおりです。もっといえば、それ以前は自分の生い立ちの中でそういう経験が乏しかった。だけど、いつからでも何歳からでも、一生懸命誰かと喜びを分かち合って、そういう生い立ちをカバーできるようにしていけたらいいんです。大人になってからでもいいんです。喜びを分かち合うっていうのはうれしいことですよ。

コンサートに行けば、いい音楽の感動をみんなと分かち合えます。そこにコンサートの喜びがある。一人でポツンとしていたら、どんなにいい音楽を聴いたとしても、あんな大きな喜びにはならないんですよ。

堂珍　コンサートには何千人もの人が集まっていますから、より感動が大きくなりますね。

佐々木　サッカーのサポーターなんて、全然知らない者同士がやってるわけですよね。日本チームのサポーターとして、日本代表を応援するというだけで、全く知らない人と共感しているわけです。

堂珍　子育てにうまく移行できたらいいですね、サポーターって。

佐々木　そういえば昔、私は、不登校になった少年の回復を援助するのに、プロ野球の横浜ベイスターズの応援団に入りなさいと言っていたことがあります。当時はまだ大洋ホエールズといっていた時代でした。私が勧めても、入る子は決して多くはないんです。でも、入る子もいるんですね。「みんなと一緒に思いっきり応援旗を振って、大声を上げて、応援してくるといいよ、行ってごらん」と言っていました。そこに行ける子は、見事に回復していきましたよ。球場でチームを応援して、感動を分かち合う。喜びを分かち合う。楽しさを分かち合う。当然、負けたときには残念さを分かち合ってるんです。

そういう感情を育ててから学校へ行くことで、クラスメートとも、ある

種共感し合えるような感情が補足されて育ってくる。そういうプロセスを経て回復していった子どもを何人か見ました。

堂珍　母親としては、お友達が転んでいたら助けてあげなさいとか、そういう方ばかりに目が行くんですけど、むしろ「喜んでるお友達と一緒に喜んじゃおう！」って言ってあげたほうが、いい結果につながるのかもしれません。子どもにとっては、まずそっちが先。

佐々木　そうなんです。だから、一緒に喜び合うこと、それはお母さんとでも、お父さんとでもいいんですよ。おばあちゃんとでも、おじいちゃんとでも、友達とでも。

それで、喜びを分かち合う経験の後に、悲しみを分かち合う感情が熟してくる、という順番になっているんです。逆は絶対ありません。

終章 子育ての価値とは

子育ては未来を育てる意義ある仕事

堂珍　子どもに関わる母親や保育士さんは、責任重大なんですね。

佐々木　健全な子どもを育て、守ろうとしているお母さんたちのやっていることは、とても大切です。順序付けをしたら、子どもが一番大切なんだから、それを育てる仕事が一番尊いと思うんです。

堂珍　今の日本の社会で働いている大人たちは、子育ては母親がするものという考えで完結してしまっているように思います。子育ては大切なもの、

貴重なものとわかってはいても、やはりどこに行っても小さい子は邪魔者扱いされたり、面倒臭いものだって思われたり……。母親もつい内にこもってしまうことがいけないのかもしれませんが、「社会全体で子どもを育てていかなければこの国の明るい未来はない」っていうことに気付いてない大人たちが多い気がしています。

佐々木　私たちの育った時代の親たちが、そういうことをしっかり認識したり気が付いていて、人々との交わりをしながら、我々子どもを育てていたかどうかはわかりません。わかりませんけど、結果として周囲の大人の手も借りながら、私たちはまあまあ順調に育ってきましたよね。そういう大人の温かな目を私たちは失いつつあるなかで、かつてはできていたのにということに気付けるといいですけどね。

今、なぜ子どもがこのように育ちにくくなって、家族の崩壊が進んでしまったのか。ＯＥＣＤの調査研究で、なぜ加盟国のなかで日本人だけが突出して孤立［66］しているというようなことを、世界からいわれなくちゃ

66　ＯＥＣＤの調査研究
日本が突出して孤立した国

●同僚、友人、その他宗教・スポーツグループなどの人と全く、あるいはめったに付き合わないと答えた人の比率。２００５年調査

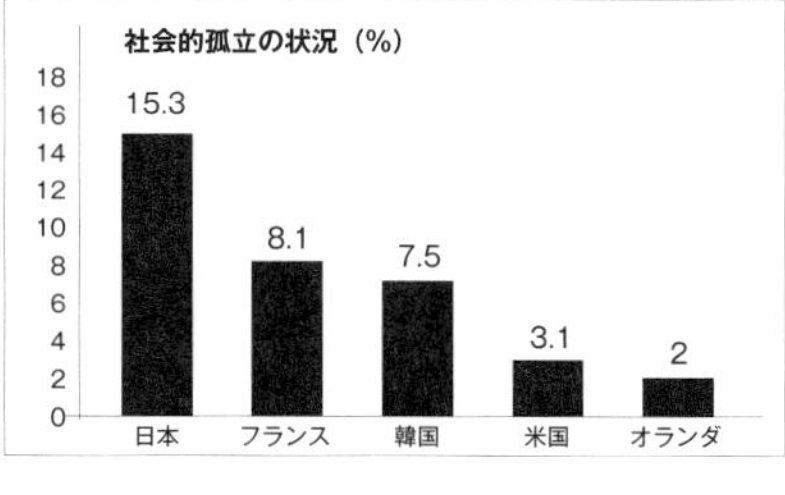

いけないようになったのか。なぜ、『ひきこもりの国』［67］なんていう本を外国人に書かれてしまうような不幸な国になってしまったのか。

そんなことを考えると、私たちはもう少し人間関係を大切にし合いながら生きていくことを、意識的に努力することが必要な時代になったんじゃないかと思います。育児というのは人間関係の原点ですからね。そういう意味では最も価値の高い仕事なんだと誇りに思って、お母さんたちが子どもを育ててくださることになったらいいなと思いますね。

堂珍 私も、子どもを育てながら、この子たちが将来、大人になって人とつながっていける人にするために、どうしたらいいかということを考えるようになりました。

冷たい大人と接することも、昔よりも多いと思うんです。でもそのときに子ども自身が、「他人と関わるのは楽しくないや」なんて、嫌な記憶として残らないでほしいなと思って。

佐々木 そういうことの原点に関して、私は、父と母にはそれぞれ違った

67『ひきこもりの国』
マイケル・ジーレンジガー著 河野純治訳（光文社） なぜ、日本では100万人もの若者が、自閉しているのか。米カリフォルニア大学の研究員であり、有力紙の日本支局長を7年以上務めた気鋭のジャーナリストが日本人の精神性を分析している。

感情を持っています。父から私への接し方、母から私への接し方、どっちがいい悪いということではなくて、違っているものを実感しています。

手塩にかけて育てられたと感じる、非常に具体的な部分は母だったなと、とても強く思うんです。もちろん、父がよそよそしく遠くにいたというわけでは決してありません。子煩悩な父でしたしね。でも、圧倒的にかわいがってもらった、愛されたと思うのは、やはり母でしたよね。

堂珍　私もそうです。圧倒的な記憶に残ってるのは母親とのことばかりで、2割ぐらいが父親との思い出。私自身も4人きょうだいで、母親がいろんなふうに料理を手をかけて作ってくれたり、誕生日ケーキは全部手づくりで作ってくれたり、いろんなことをしてくれて、4人きょうだいで楽しかった思い出ばかり……。

だから私も4人の子どもを産んだのかもしれません。

私の子どもにも、ぜひ、4人ぐらいは子どもを産んでほしいって思っているので、なるべく「育児は楽しいよ。ママは本当に毎日が楽しくって、

母親だけじゃなく、仕事もして、いろんなことにも夢を持って挑戦してるんだよ」っていう姿を子どもたちに見てほしいと思うんです。その姿を見て、「ママは育児をあんなに楽しんでたから、私もいっぱい子どもが欲しい」って思ってもらえるといいなと。

それでもどんどん社会のなかで人々が孤立していって、手をつながなくなってきて。そういうときに、子どもの数は増えていかないんだろうなって思います。

佐々木　おっしゃるようなこと、お気持ちはよくわかります。

私は人間にとって最も大切な生きる営みは、次の時代を生きる人がどう幸福に生きられるかということを、しっかり考えながら生きることだと思っているんです。

だから子育ては、豊かな緑を残そうとか、美しい空気や美しい水を残そうということと少なくとも同じくらいの意味、あるいは、もっとはるかに大きな意味を持つと思っているんですよ。

その時代を生きる子どもや人を、ちゃんと健全に残せなかったら、本当は人間失格なんじゃないですか。緑や水がどうなってもいいわけではありませんけども、そこのところをもっとしっかり発言する人がいてもいいのにという思いを、日々強くしています。

おわりに

「堂珍敦子さんとの対話を終えて」　佐々木正美

4人の子どもを育てながら、生き生きと働いておられる堂珍敦子さんとの対話は、本当に楽しいものでした。できれば、もう1人や2人の子どもが欲しいくらいだと、子どもの話になると、目を輝かせている堂珍さんは、まさに子どもが求めるお母さんだと思いました。

静かに、次から次へと問いかけられる、質問というよりも、時代に合った、親子や家族に関する話題を主題にして、私たちは自然に語り合うことができました。私自身も自分が妻と協調して、3人の男の子を育てた経験と、四十数年間の子どもや青年や家族に関する精神科医としての仕事をもとにして、本当に自由に話し合うことができました。

そして改めて思いを強くしていることがあります。

子育ては母親一人でするものではないということです。できるだけ、気持ちが通じ合う人の協力を得て、育てることが大切だということです。

堂珍さんはいわば子育て仲間ともいえる人たちと、仲のよい交わりの場や機会を持っていますし、自分や夫や両親（子どもにとっての祖父母）の親しい支援を得ながら育てています。

私たちも子育ての最中は、地域の近所に、同じように幼い子どもがいる家族と、妻は親しい交わりをしていました。私の両親は同居をし、妻の両親は1時間くらいで行き来ができる所に住んでいて、子どもたちは4人の祖父母に育てられたところもあります。

近年保育園や子育て支援機関などの勉強会に招かれることが、ますます多くなりましたが、そういう施設を利用する両親にとって大切なことは、園や機関の職員と親しい交わりやつながりの気持ちを成熟させていくように、双方が心がけることだと思います。

夫婦で仲良く、周囲の人々と親しく。堂珍さんは見事な子育ての実践者でした。

しあわせな子育て（こそだ）てのかんたんなルール

2012年3月30日　第1刷発行

著者　佐々木正美（ささきまさみ）　堂珍敦子（どうちんあつこ）

装丁　岩瀬聡

写真　山本まりこ

構成　猪熊弘子・鵜澤緑子

協力　AERA with Baby編集部

発行者　中村正史

発行所　朝日新聞出版

〒104-8011　東京都中央区築地5-3-2

電話　03-5541-8833（編集）　03-5540-7793（販売）

印刷製本　大日本印刷株式会社

Published in Japan by Asahi Shimbun Publications Inc.

ISBN 978-4-02-331028-5

定価はカバーに表示してあります。

落丁·乱丁の場合は弊社業務部（電話03-5540-7800）へご連絡ください。

送料弊社負担にてお取り替えいたします。